边坡工程施工技术及应用

拱形多结构联合支护体系

廖化荣　等编著

化学工业出版社

·北京·

内容简介

《边坡工程施工技术及应用——拱形多结构联合支护体系》主要介绍边坡支护工程施工的一项新技术——拱形多结构联合支护体系，重点介绍了拱形多结构联合支护体系的设计方法、组成结构、力学特性和施工工法。通过模型模拟试验，依据拱形结构受力特点及改进的库仑土压力理论，分析了支护体系各构件的受力特点、变形规律及耦合机理。通过理论研究，将理论计算的数值结果与现场实际监测数据进行对比分析，验证了理论研究成果的正确性和合理性。

本书可供土木、地质、水利水电、冶金、铁路、环境科学与工程等专业和领域的科研人员、设计和施工技术人员参考，也可供高等院校相关专业的师生学习拓展，为相关研究提供借鉴和有益参考。

图书在版编目（CIP）数据

边坡工程施工技术及应用：拱形多结构联合支护体系 / 廖化荣等编著. -- 北京：化学工业出版社，2025.1. -- ISBN 978-7-122-47340-0

Ⅰ．U416.1

中国国家版本馆CIP数据核字第2025NZ3535号

责任编辑：刘丽菲　　　　　　　　　　文字编辑：罗　锦
责任校对：边　涛　　　　　　　　　　装帧设计：张　辉

出版发行：化学工业出版社
　　　　　（北京市东城区青年湖南街13号　邮政编码100011）
印　　装：北京天宇星印刷厂
710mm×1000mm　1/16　印张11　字数180千字
2025年6月北京第1版第1次印刷

购书咨询：010-64518888　　　　　　　售后服务：010-64518899
网　　址：http://www.cip.com.cn
凡购买本书，如有缺损质量问题，本社销售中心负责调换。

定　　价：79.00元　　　　　　　　　　　　　版权所有　违者必究

本书作者团队

廖化荣,贺明卫,沈汝伟,曹文泽,卢云,向旻,汪权明

前　言

边坡稳定性是地质工程领域的重要问题，它直接关系到各种建设活动和自然环境的安危。影响边坡稳定性的主要因素包括地质环境条件、水文地质条件和人为因素等。滑坡地质灾害是一种突发性强、破坏力大、影响范围广的自然灾害。在山区，滑坡常常造成村庄、道路、桥梁等基础设施的损毁，严重威胁着人们的生命财产安全。近年来，随着山区城镇化和旅游开发的不断推进，人口和经济活动向山区地区移动，滑坡灾害的危害性也日益凸显。据统计，滑坡灾害在全国范围内频繁发生，给社会经济发展和人民生产生活带来了巨大损失。

因此，边坡稳定性和滑坡地质灾害是当前我国部分地区面临的重要问题，对社会和民生有着深远的影响。为了保障人民生命财产安全和社会经济的可持续发展，需要不断加强对边坡稳定性的研究，加大治理工作力度，提高滑坡地质灾害的预防和应对能力。

本书共分 5 章，第 1 章绪论，第 2 章拱形多结构联合支护体系模型模拟试验，第 3 章模型模拟试验测试结果讨论与分析，第 4 章拱形多结构联合支护体系力学特性分析，第 5 章拱形多结构联合支护体系现场测试与验证。本书研究内容和结论如下：

（1）基于相似理论，通过模型试验模拟多结构拱形联合支护体系，研究其力学行为和变形特性。分析了岩土体与支护体系间的相互协调和变形耦合作用机理，探讨了支护体系各构件的受力和变形规律。结果显示，多结构拱形联合支护体系在边坡支护中表现出良好的力学特性和变形机理，能有效控制边坡失稳。

（2）研究了多结构拱形联合支护体系中挡土墙、连系梁、钢管桩、土体等在荷载作用下，各结构（构件）的荷载与位移、应力、应变之间的关系。

通过分析挡土墙、连系梁、钢管桩、钢筋、土体在分级竖向荷载和分级水平荷载作用下变形的不同力学特性，拟合了支护体系各结构（构件）的受力或位移公式，揭示了荷载与应力、应变之间的规律。

（3）试验结果表明，支护体系各结构（构件）在不同竖向和水平荷载作用下，其荷载与应力、应变之间基本呈现显著的二次关系，呈现显著的非线性增长趋势，且随着荷载的增加，增长速率逐渐减小。结果显示，材料特性、结构效应以及荷载分布方式是影响应变规律的重要因素；土体的物理力学特性、压力分布以及与支护体系各构件之间是相互耦合的。这些规律和机理为挡土墙设计、土压力分析以及变形控制提供了科学依据和参考。

（4）在滑坡推力作用下，联合支护结构表现出与拱形结构类似的受力状态，能够将受弯为主的力转化为受压为主的力。例如，当抗滑桩和挡土墙呈折线形或曲线形布置时，在桩顶连系梁的约束下，结构整体受力更加合理，有助于优化支护桩的受力状态。推导了桩顶连系梁的内力及桩墙内力与位移的理论计算公式，通过力法原理，应用冗力法计算了桩墙结构体系的顶位移和转角。结果表明，桩墙结构的拱形连系梁可以显著约束桩身位移，优化桩身的弯矩和剪力分布。此外，基于库仑理论，对黏性土的主动土压力和被动土压力进行了改进。通过引入裂缝深度的计算和超载处理，提出了一种计算成层土土压力的方法。研究结果表明，改进的库仑精确解算法计算简便，精度可靠，易于工程应用。

（5）针对具体的滑坡治理工程，提出了联合支护结构的设计思路和分析方法，对多结构联合支护体系在实际工程中的变形特性和稳定性进行了详细的现场测试和数值模拟验证。研究表明，整体型及整体组合型抗滑结构在受力及变形方面具有一定的优势，而整体组合型抗滑结构的应用更为广泛。

本书的作者有廖化荣、贺明卫、沈汝伟、曹文泽、卢云、向旻、汪权明，廖化荣负责全书统稿，其他作者编写了部分章节并对本书提供了有价值的指导。

本书得以完成，要特别感谢卢玉永、廖化军及贵州理工学院本科生向章、陈汉林和杨秀山，感谢他们在模型模拟试验和现场测试中付出的巨大努力。除了要感谢各位作者及诸多专家提供的宝贵建议与支持外，本书还得到了贵州省科技计划项目《贵州山区地灾边坡多结构联合支护体系力学特性研究》（黔科合基础〔2019〕1143）、贵州理工学院高层次人才科研启动经费项目《岩溶地区边坡失稳机理与联合支挡体系力学特征研究》（XJGC20190914）、四川省科技计划项目《空间科学暨行星科学四川科普行》（2024JDKP0079）和贵州省科技计划项目《基于人工智能的数字孪生传统村落构建技术研究》（黔科合基础-ZK〔2021〕一般284）的联合资助。在此，对所有参与人员为本研究项目做出的贡献表示衷心的感谢。

鉴于作者水平有限、编写时间仓促，书中难免会有瑕疵、疏漏、不当或错误之处，敬请读者批评指正。

获取相关图件可与著者联系，邮箱：76133246@qq.com。

著者

2024 年 10 月

目 录
CONTENTS

第 1 章　绪论　　1

　　1.1　概述　　1
　　1.2　研究进展　　4
　　1.3　技术背景　　6
　　　　1.3.1　研发目标　　6
　　　　1.3.2　研发意义　　6
　　1.4　实施方案　　7
　　　　1.4.1　研发思路　　7
　　　　1.4.2　研发内容　　7
　　1.5　方法选取　　9
　　1.6　技术方案　　9

第 2 章　拱形多结构联合支护体系模型模拟试验　　12

　　2.1　模型模拟试验目的　　12
　　2.2　模型模拟试验原理　　12
　　　　2.2.1　相似理论介绍　　13
　　　　2.2.2　几何相似原理　　13
　　　　2.2.3　物理相似原理　　14
　　2.3　模型模拟试验方案设计　　15
　　　　2.3.1　主要材料及仪器设备　　15

		2.3.2 模型试验箱	16
		2.3.3 试验土样	18
		2.3.4 支护体系模型	18
		2.3.5 加载系统	20
		2.3.6 试验数据量测和采集仪器设备	21
	2.4	模型模拟试验流程、内容和过程	22
		2.4.1 模型模拟试验流程	22
		2.4.2 模型模拟试验内容及过程	23
	2.5	小结	31

第 3 章　模型模拟试验测试结果讨论与分析　　32

	3.1	模型模拟试验测试结果	32
		3.1.1 应变测试结果	32
		3.1.2 钢筋应力计测试结果	38
		3.1.3 位移计测试结果	39
	3.2	测试结果分析与讨论	43
		3.2.1 应变测试结果分析与讨论	43
		3.2.2 钢筋应力计测试结果分析与讨论	52
		3.2.3 位移计测试结果分析与讨论	55
	3.3	小结	62

第 4 章　拱形多结构联合支护体系力学特性分析　　65

	4.1	抗滑桩+挡土墙+连系梁联合支护结构力学特性分析	66
		4.1.1 联合支护结构特征和工作原理	66
		4.1.2 拱形多结构联合支护体系及其工作原理	66
		4.1.3 拱形多结构联合支护体系计算理论分析	67
		4.1.4 抗滑桩+挡土墙结构体系计算理论	81
		4.1.5 抗滑桩+挡土墙+桩墙结构顶连系梁联合支护结构典型方程	88
	4.2	边坡土体力学特性分析	89
		4.2.1 联合支护体系墙后的主动土压力计算	89

  4.2.2 黏性土被动土压力计算的库仑数值解 94
  4.2.3 联合支护体系滑坡推力计算 97
 4.3 边坡与联合支护体系耦合关系分析 109
 4.4 小结 110

第5章 拱形多结构联合支护体系的现场测试与验证 111

 5.1 工程背景 111
  5.1.1 概述 111
  5.1.2 现场地质环境条件 112
 5.2 测点布置 113
 5.3 理论模型试验验证 114
  5.3.1 实际施工过程及模拟 114
  5.3.2 主要结果及分析 115
  5.3.3 结果对比分析和验证 120
 5.4 总结 123
  5.4.1 研究成果 123
  5.4.2 进一步研究的建议 126

附录 128

 附1 桩-拱挡土连续墙逆作施工工法 128
 附2 沿弧线径向布桩条件下连系梁计算理论推导 149
 附3 沿滑坡滑向布桩条件下连系梁计算理论推导 155
 附4 柔度系数计算公式 161

参考文献 163

第1章 绪 论

1.1 概述

随着社会经济和工程建设的飞速发展,西南地区遇到了越来越多的地质灾害问题,产生危害的主要是边坡失稳(滑坡、崩塌)问题。特别是在山区,因地质环境条件和岩土特性的复杂性和特殊性,地质灾害频发,边坡失稳现象严重,不仅造成了人员的伤亡和巨大的经济损失,更重要的是对社会造成了不良影响。因此,预防和治理边坡地质灾害,研究其致灾成因和机理,采取合理的支护方式,以减少灾害的发生概率,减小人民群众的财产损失,降低灾害对社会造成的不良影响,是一项异常紧迫的任务。

新型拱形多结构联合支护体系由超前钢管桩、拱形挡土墙、约束支座桩、连系梁组成,挡土墙及约束支座桩均为钢筋混凝土构件(图1-1~图1-3)。将挡土墙和钢管桩布置成拱形,桩顶和墙顶设置拱形连系梁,目的是利用拱的受力特点,使挡土墙及桩顶拱形连系梁的受力状态以受压为主。为提高钢管桩、拱形挡土墙及约束支座桩的整体稳定性,同时使各支挡结构变形相互协调,在钢管桩、拱形挡土墙及约束支座桩的顶部设置连系梁,构成钢管桩-拱形挡土墙-约束支座桩-拱形连系梁整体抗滑结构。连系梁能够为桩墙顶提供约束,改变挡土墙及桩的受力状态,提高支护体系的整体稳定性。通过支护体系顶部连系梁使墙桩整体协调变形,各桩与墙体处于联合受力状态。钢管桩和约束支座桩下部嵌入基岩,拱形挡土墙底部局部嵌入基岩,三者与顶部的连系梁连接形成整体。

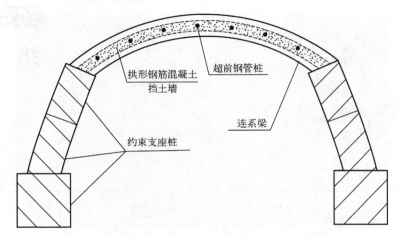

图 1-1 新型拱形多结构联合支护体系平面示意图

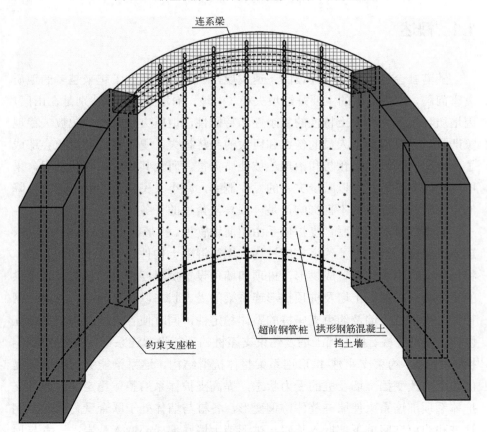

图 1-2 新型拱形多结构联合支护体系立体示意图

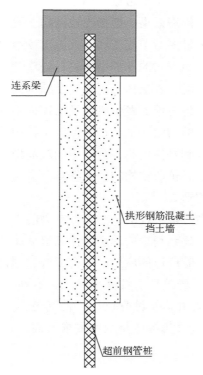

图 1-3　新型拱形多结构联合支护体系局部构件示意图

上述联合支护体系中，拱形挡土墙、钢管桩及拱形连系梁在水平面内形成拱形墙-桩梁空间支护体系，通过提高拱形连系梁两端约束支座桩的强度及刚度，固定拱形连系梁的两端，使其在拱形连系梁端部发挥拱脚的作用，约束连系梁两端位移，使桩顶拱形连系梁与挡土墙一起发挥拱的作用。拱形挡土墙和拱形连系梁在水平面内的受力性能与拱相同，可将部分边坡推力传递到钢管和两侧约束支座桩上。拱形结构的拱形连系梁可以约束各钢管和拱形挡土墙之间由于受力不均衡产生的不协调变形，将边坡中部控制弯矩分配到边坡两翼和控制弯矩较小的拱形挡土墙和钢管桩以及约束支座桩上，使各结构构件形成一个整体支挡体系，具有协调体系内挡土墙与各钢管桩变形及约束支座受力与挡墙变形的作用。该支挡体系除了具有一定刚度，还具有较强的抵抗变形的能力。新型拱形多结构联合支护体系与边坡岩土体形成一个有机整体，支护体系与坡体之间是一个相互作用、相互耦合的系统。

边坡治理工程一直是边坡工程领域的主要研究方向，很多学者已在边坡治理方面做过研究。对于中小型边坡，挡土墙结构可以有效防止边坡的崩塌和滑落，能取得良好的治理效果。但挡土墙结构一般具有较大的断面面积和自重，由此带来了大体量的圬工施工和较大施工场地面积的需求，因而在大型边坡工程中常选用其他形式的支护结构进行处理[1-2]。

由于边坡的地质环境、岩土体工程性质及结构的多变性，影响边坡稳定的各种因素相当复杂，各滑坡的发生机理及治理措施也有所差异。为有效治理滑坡，提高滑坡灾害的防治水平，指导治理工程的设计及施工，应首先研究边坡失稳的产生机理和发生机制，分析影响边坡稳定的因素及边坡破坏的特点，在此基础上分析各抗滑结构的形式特点及适用范围，进而针对具体滑坡选择合理的抗滑结构形式[2-6]。

抗滑桩是治理大型边坡工程的一个十分有力的工程措施，可以有效地将边坡潜在滑动面推力传递到稳定的地层，提高滑动面的抗剪强度，在国内外大型边坡支护工程中有着广泛的应用。但抗滑桩加固也存在断面面积较大，工程造价高昂的缺点。传统抗滑桩受力不均，存在一定的不合理性；加直线形圈梁虽能有效约束桩顶及桩身位移，使其内力分布均匀合理，但因直线形圈梁以受弯为主，对其构造及受力要求较高，在工程应用方面也具有一定的局限性。

1.2　研究进展

国内外已有诸多学者对边坡支护及支护结构开展了深入理论研究，主要包括拱形支挡结构、支护结构类型、边坡支护计算理论、室内模型试验及现场试验、支挡结构设计技术、数值分析等几方面，研究现状概述如下：

张志伟等[2,7-9]对弧形排桩-连系梁抗滑结构进行了研究，建立了抗滑结构的整体柔度方程。谷任国、邹育等[10-11]对拱形挡土墙和扶壁式挡土墙进行了相关的模型试验，得到拱形挡土墙和扶壁式挡土墙的变形和受力特征。郑明新、刘伟宏等[12-13]研究了预应力锚索抗滑桩及新型围桩-土耦合式抗滑结构的工作机理。王辉等[14]根据模型试验相似比尺和桩土间应力协调要求，模拟拱形抗滑桩墙体系原型结构的力学行为和变形、破坏特征。钱丽华[15]对拱形支护结构的受力和变形进行了研究。张仪萍[16]等认为拱形围护结构墙后土压力可能介于沿水平拱径向均匀分布或沿水平拱弦长均匀分布两种分布形式之间。

Giovanni B. Fenelli 和 Luca Pagano[17]认为通过墙顶与圈梁之间的集中力和弯矩的约束作用，可提高墙体本身的稳定性。肖世国[18]研究了 h 型组合抗滑桩结构的受力状态。何建明等[19]通过研究认为排桩与圈梁之间具有较好的协调作用。赵晓彦等[20]研究了抗滑桩桩间水平土拱效应，推导了考虑土拱效应时该组合结构中抗滑桩和挡土墙的受力计算方法。

Lee C Y 等[21]采用边界元方法结合 Bishop 法进行了加桩治理后边坡稳定性及抗滑桩性能分析。肖世国[22]认为桩后滑坡推力的分布模式将直接影响桩身内力的大小及分布特征。戴自航[23]根据我国一些抗滑桩模型试验和现场试桩实测试验资料分析结果，针对滑坡体岩土体性质不同，提出和推导了相应的滑坡推力和土体抗力分布函数。Ito 和 Matsui[24]基于塑性变形理论推导了单排桩因土体移动所受到的极限侧向力表达式。张智超等[25]开发了微型桩加固方法。

许多专家学者进行了大量的室内模型试验和现场测试试验。K.Terzaghi[26]最早通过活动门试验证实了土拱效应的存在。黄治云等[27]通过现场测试及室内模型试验，认为桩间水平土拱效应显著影响土压力的传递特性。梁瑶等[28]通过物理模型试验讨论了土拱形状及其对组合结构受力的影响。Paik 等[29]、涂兵雄等[30]、王梅等[31]学者研究了挡土墙平移时墙后填土考虑土拱效应下的主动土压力计算方法。刘洪佳等[32]通过悬臂式抗滑桩模型试验，研究了滑坡推力分布、土体抗力的变化规律及桩身变形破坏模式。戴自航等[33]进行了现场大型推桩试验，实测了抗滑桩的内力和变形。

在抗滑桩设计计算方面，Ito 和 Matsui 等[34]提出了利用排桩加固滑坡的设计方法。周德培等[35]提出以桩间静力平衡条件、跨中截面强度条件及拱脚处截面强度条件共同确定桩间距的方法。下限定理自 20 世纪 50 年代由 Drucker 等[36]提出以来已经在边坡稳定性分析方面得到了广泛应用和发展。Sloan[37]将下限法、有限元数值离散技术和数学规划有效结合起来。刘昌清等[38]给出了锚固段极限状态设计表达式。李泽等[39]将极限分析下限法理论、混合数值离散思想和线性规划结合起来研究砌石挡土墙边坡的极限承载力。沈珠江[40]从极限分析理论出发得到了圆桩和方桩的绕流阻力公式。Ono 等[41]分析了排桩挡土墙后的土拱效应。Park 等[42]对挡土墙后土拱效应进行了分析。潘家铮[43]以桩间土体传给桩前下块的推力不超过下块剩余抗滑力为计算条件，探讨了滑坡体下滑力的状态和抗滑桩的实际受荷过程，提出了抗滑桩的设计原理。介玉新等[44]给出了基于加速度的边坡稳定性分析的基本原理和计算方法。

针对目前潜在滑动边坡及边坡失稳防治技术存在的问题，借鉴现有单桩及双排桩桩顶连系梁的直线形布置形式和弧形间隔排桩+桩顶弧形连系梁抗滑结构[7]，本研究提出一种既能充分利用良好的地质条件和岩土体工程性质，又能充分利用混凝土结构较高的抗压性能及钢管的抗弯性能，还能改善滑坡或潜在滑动边坡加固抗滑结构受力条件，提高加固治理工程投资效益，降低加固治理工程结构本身安全和施工安全风险的潜在滑动边坡加固或滑坡治理的新型拱形多结构联合支护体系。

1.3 技术背景

1.3.1 研发目标

在复杂岩土地质环境条件下，针对现有边坡失稳灾害各种加固技术及治理方面所面临的各种困难和技术难题，为了充分利用良好的边坡岩土地质条件，发挥钢管桩良好的抗弯特性和混凝土良好的抗压性能，提高边坡失稳治理工程的经济效益和社会效益，通过对拱形多结构联合支护体系力学特性和失稳变形机理的研究，本项目提出了新型拱形多结构联合支护体系，应用于边坡失稳的防灾减灾建设。

在对拱形多结构联合支护体系各结构构件的受力和变形特性、边坡岩土体的应力应变关系研究的基础上，分析和推导超前钢管桩、拱形挡土墙、约束支座桩与连系梁的内力及位移计算公式，建立多结构拱形挡土墙支护下的岩土体应力应变本构关系。

根据内力、位移计算公式及岩土体应力应变本构模型，通过支护体系的整体协调变形研究，揭示拱形多结构联合支护体系在边坡支护中的作用机理，进一步优化拱形多结构联合支护体系的设计参数和布置形式，使边坡支挡结构体系的受力和变形更加均匀合理，最终达到边坡失稳治理既经济又安全实用的防灾减灾目标。

1.3.2 研发意义

采用新型拱形多结构联合支护体系的拱形挡土墙和拱形连系梁空间抗滑结构治理滑坡具有一定的应用空间和实用价值，通过对该联合支护体系开展理论研究,有利于提高边坡失稳灾害治理的设计水平,降低工程投资额,具有一定的社会效益和经济效益,因此,此研究课题具有理论意义和实际应用价值。本研究将使边坡支护设计、施工及防灾减灾技术立足于更加科学的认识之上,指导边坡防灾减灾工程建设,丰富边坡工程理论,为解决贵州山区边坡地质灾害防治问题提供有力支持。

1.4 实施方案

1.4.1 研发思路

本项目主要研究新型拱形多结构联合支护体系加固边坡体的作用机理、受力状态及破坏模式,研究该结构体系的工作性能,即体系的受力特征、荷载传递模式、变形破坏规律,并将其与常规抗滑结构的受力特征和变形破坏规律进行对比分析,探讨该结构的有利优势。主要研究思路如下:

① 现场实地调查贵州山区边坡的主要工程地质环境和岩土力学特性,分析在工程实践中应用新型联合支护体系的可行性。

② 简化拱形挡土墙顶拱形连系梁的计算模型,分析钢管桩、拱形挡土墙、约束支座桩与拱形连系梁之间的约束作用,建立各结构与连系梁的计算模型,推导支挡结构的内力及位移理论计算公式。

③ 研究新型联合支护体系后缘边坡岩土体的受力特性,分析边坡岩土体在失稳破坏过程中的应力-应变关系,推导应力-应变本构模型。

④ 通过室内物理模型试验,分析拱形多结构联合支护体系的内力及位移分布规律,验证理论计算结果。

⑤ 将现场原型试验监测数据,与理论计算结果及室内物理模型试验结果进行对比分析,验证理论计算的合理性及正确性。通过三者的对比和验证结果,阐述该联合支护体系的内力与位移分布优势,将其应用于典型边坡治理工程,并计算分析边坡支护治理效果。

1.4.2 研发内容

本项目研究新型拱形多结构联合支护体系的力学行为和变形特性,探讨土质边坡在拱形多结构联合支护体系支护下，边坡岩土体与支护体系两者之间的相互协调和变形耦合作用机理，研究支护体系各构件的受力和变形规律，探讨在该支护体系作用下的岩土体的应力、应变特性，深入研究贵州山区复杂岩土地质环境条件下，边坡失稳的成因，阐明新型拱形多结构联合支护体系的力学特性及变形机理，以指导边坡失稳的防灾减灾，具体如下（图1-4）：

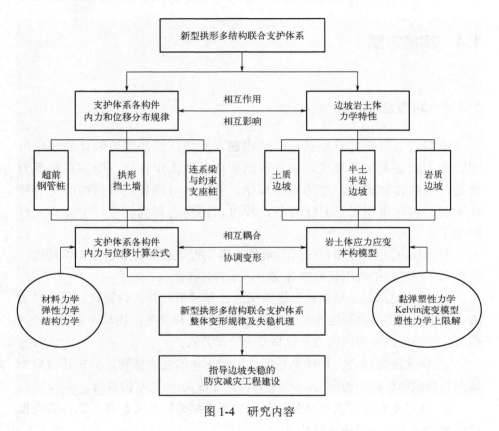

图1-4 研究内容

① 研究拱形多结构联合支护体系各组成构件的受力特性与变形规律

重点分析拱形多结构联合支护体系的拱形挡土墙、超前钢管桩（在挡土墙内）、约束支座桩和桩顶、墙顶连系梁这些主要构件的受力特性及变形规律。将约束支座桩和桩顶、墙顶连系梁体系简化为两铰拱，研究其受力和变形特性；采用极限平衡法理论进行拱形挡土墙内力和位移特性的简化分析和计算；对钢管桩的受力和变形特性采用弹性地基梁理论进行简化分析，进而考虑各结构部分的整体协调变形，得出约束支座桩、连系梁系统的弯矩、剪力和轴力，拱形挡土墙和钢管桩的位移、内力理论计算公式，探讨拱形多结构联合支护体系的整体受力和变形规律。

② 研究拱形多结构联合支护体系支护下边坡岩土体的应力、应变特性

研究拱形多结构联合支护体系支护作用下，土质边坡土体的应力分布和应变特性。采用经典土力学理论，对土体流变进行研究，分析土体结构的应力、应变特性。由此得出土体的应力应变本构方程和土体的应力应变量化模型。

③ 研究拱形多结构联合支护体系的整体协调及变形耦合机理

通过理论分析和模型试验研究，综合分析支护体系的受力特性、变形规律与被支护边坡岩土体的应力、应变特性之间的协调变形规律，得出拱形多结构联合支护体系的应力应变量化本构模型，探讨新型支护体系整体变形耦合机理。

1.5 方法选取

本项目采用野外调查、理论分析、模型模拟试验、多结构拱形挡土墙支护体系的实际监测资料进行验证相结合的综合研究分析方法，探讨贵州山区边坡失稳及支挡结构协调耦合变形的机理。本项目基于材料力学、结构力学、岩土弹性和塑性力学、黏弹塑性力学等基本理论，研究支护体系的受力特点和变形规律及耦合机理。理论分析结果为模型模拟试验的条件设置和参数选取提供依据。模型试验根据理论分析的结果，按照几何相似、物理相似和变形协调的原理，选取贵州山区具有代表性的岩土体，模拟多结构拱形挡土墙支护体系在复杂岩土地质环境条件下的受力和变形特性。模型试验重点测试支护体系中各构件的内力和位移变化以及岩土体的应力应变特点。通过理论研究，将按建立的本构模型计算的数值结果与现场实际监测数据进行对比分析，进一步验证理论研究成果的正确性和合理性。

1.6 技术方案

基于上述研究方法，本项目采用的技术方案如图 1-5 所示，具体如下：

① 收集和分析贵州山区典型边坡的岩土地质环境及岩土参数资料，实施野外调查和采样。

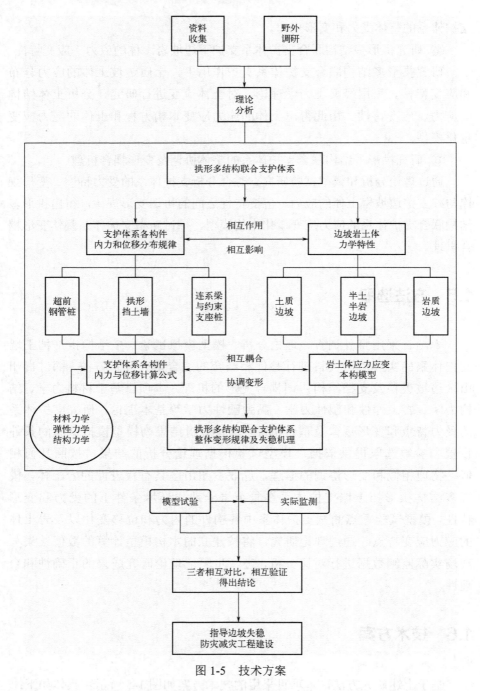

图 1-5 技术方案

② 在理论研究上，根据已有的材料力学、结构力学、岩土弹性和塑性力学理论，基于黏弹塑性力学理论，分析拱形多结构联合支护体系的受力特

点和变形机理，借助变形协调原理，推导支护体系中岩土体的应力应变本构关系及支护结构的内力和位移计算公式，把握拱形多结构联合支护体系应力、应变的时空分布基本特征和支护体系的变形机理，为模型模拟试验方案奠定基础。在推导岩土体应力应变量化关系及支挡结构内力和位移计算公式的基础上，得出联合支护体系的本构模型。

③ 根据拱形多结构联合支护体系受力和变形特性的理论分析，设计模拟试验的参数，确定模型试验的方案。模型试验根据实际支护体系及理论研究的计算成果，对土质边坡失稳机理进行分析研究。选取贵州山区具有代表性的红黏土，分层夯实后形成模拟边坡。通过在坡顶分级加载，监测岩土体应力、应变的变化，监测支护结构各构件的内力和位移变化情况。对模型试验获取的监测数据进行统计分析，找出其变形规律，与理论计算值进行对比分析，验证理论推导的边坡岩土体应力应变本构模型及支护结构内力和位移计算公式的正确性与实用性。

④ 将理论计算的变形和位移值、模型模拟试验监测值与实际监测数据三者进行综合对比分析，验证理论推导的边坡岩土体应力-应变本构模型及支护结构内力和位移计算公式的正确性与实用性，为边坡失稳防治工程提供设计依据和施工参考。

第2章
拱形多结构联合支护体系模型模拟试验

2.1 模型模拟试验目的

通过模型模拟试验模拟拱形多结构联合支护体系的拱形挡土墙和弧形连系梁空间抗滑结构与岩土体之间的相互作用，研究新型拱形多结构联合支护体系的力学行为和变形特性，探讨边坡在拱形多结构联合支护体系支护下，岩土体与支护结构两者之间的相互协调和变形耦合作用机理，研究支护结构各构件的受力和变形规律，对该支护结构作用下的岩土体的应力、应变特性进行研究，进而深入探讨贵州山区复杂岩土地质环境条件下，边坡失稳的成因，揭示新型拱形多结构联合支护体系的力学特性及变形机理，用以指导边坡失稳防灾减灾工程建设。

2.2 模型模拟试验原理

模型模拟试验就是指按一定的几何、物理关系，用物理模型代替原型进行测试研究的试验方法。模型试验方法，是以相似理论为依据建立模型，通过模型试验得到某些量之间的关系和规律，然后再把这些关系和规律推广到实际对象上的方法。模型试验方法的试验结果可推广应用到与之相似的所有对象，且能够研究无法进行直接试验的对象以及在装备设计制造前要求研究的对象。用模型代替原型进行研究时，为保证试验结论的可比性和有效性，二者必须满足一定的几何与物理相似关系。

2.2.1 相似理论介绍

物理模拟的关键是模型与原型之间的相似性问题。试验模型在多大程度上与原型具有可比性是模拟试验成败的重要判据，必须遵从相似理论[45]。

相似第一定理：凡彼此相似的现象，必定具有数值相同的相似准则。由相似的概念可知，现象的相似是具有同一特性的现象中，表征现象的所有量，在空间中相对应的各点和时间上相对应的各瞬间，各自互成一定的比例。

相似第二定理：凡具有同一特性的现象，当单值条件彼此相似，且由单值条件的物理量所组成的相似准则在数值上相等，则这些现象必定相似。这是做模型试验必须遵守的条件或法则，也称模型法。根据相似第二定理，用模型与原型相似准则相等的关系式，可求得模型试验遵守的条件。

相似第三定理：当一现象由 n 个物理量的函数关系来表示，且这些物理量中含有 m 种基本量纲时，则能得（$n-m$）个相似准则；描述这一现象的函数关系式，可表示成（$n-m$）个相似准则间的函数关系式。根据相似第三定理，可以把模型试验结果整理成相似准则间的函数式，以便把模型试验结果逆推到原型中去。

相似理论以相似三定理为主要内容。在一个力学系统中，有几何相似、时间相似、运动相似、动力相似和应力场相似等几种相似现象。根据相似的概念，表征现象的所有量间的关系，必服从同一自然规律，最直接的量间关系即相似倍数。把相似倍数式代入描述相似现象的方程式中，得到相似指标式。这样，相似现象的相似指标等于1。所以，各相似倍数不能都是任意的，它们间的关系由相似指标式联系着。把相似倍数式代入相似指标式中，得到在各相似系统间数值都相同的一种综合量，这个综合量称为相似准则。对于靠数学分析无法求解的复杂现象的方程组，可通过模型试验求解。通过试验建立起的对一切彼此相似的现象都适用的相似准则关系式，只有在试验所确认的各物理量变化范围以内才可以应用，把这种关系式推广到此范围以外是不允许的。

2.2.2 几何相似原理

如果一个图形能借助连续的、保真的（无畸变的）变换转换为另一个图形，则这两个图形是几何相似的。模型与原型的几何相似即要求二者所占的空间对应尺寸之比为某一定值，该值称为几何相似常数（相似比），一般用 C_L 来表示。C_L 越大，模型的变形规律越接近原型，试验的准确性越高；当 C_L=1 时，模型退化为原型。

所设计的模型尺寸不仅要满足通过试验得到的几何变形量能够清楚地反映相应的地质构造现象，同时还要便于仪器的加工装配、试验操作。因此，一般把模型最大尺寸限定在 100～2000mm 内，其几何相似比可取 C_L=20.0，相当于自然条件下研究区的展布范围为 2000～40000mm。

几何相似也包括组合相似，指在制作试验模型时，在模型中组合不同性质的材料，使之近似于野外的实际情况。

2.2.3 物理相似原理

模型与原型之间所对应的物理量应成一定比例，土工模型试验中需要模拟的主要物理量有材料、运动、时间、动力、边界条件等，由于事物的运动都有一定的规律，各物理量之间应该符合实际情况。

（1）材料相似

设计物理模型的试验材料是多样化的。按材料的力学性质可分为脆性材料、弹塑性材料和塑性材料。物理模拟试验的结果与工程实际的吻合程度跟模拟试验选用的材料有很大的关系。要使试验材料与实际工程中使用的材料和原位岩土体的物理力学特性、形态变化性能等具有高度相似性。

（2）时间相似

试验过程大多数是在几分钟内完成的，也有的多达几小时至几十小时。速度相似比 C_v=698～0.0022，若边界的推进速度约为 50mm/a，按照速度相似比 C_v 推算，相当于模型中的推进速度约为 0.0000082～2.6mm/h。如果不考虑时间的因素，从形变状态来决定它的快慢，同一性质的材料由于试验时间的不同，可得到完全不同的结果。

（3）动力相似

不论在野外现场还是在试验室，一个试验模型所反映的形态变化，可以认为是力的作用的结果。对于试验中的一个试验模型来说，通常会受到如水平挤压、垂向压力、剪切作用或几种力量的联合作用，力的作用形式容易判断，其作用过程和力的大小是可以测量和记录的。绝大多数的现场实际变形都可以看作是一个低速缓慢的过程，可以通过试验测得的作用力的大小和相似比推算所模拟的现场实际变形力的大小，但事实上还是不能完全认为这个力就是实际引起结构变形的力。

（4）边界相似

边界相似是模拟试验中的一个重要相似条件，要做到真正相似尤其困难，因为原型的边界条件几乎无法准确界定，试验中只能取简化的边界相似条件。

2.3 模型模拟试验方案设计

根据以上相似原理，本书依据一个实际边坡施工案例，按相似比 C_L=1/20 开展相应的模型模拟试验。模拟试验主要涉及钢管、拱形钢筋混凝土挡土墙（含连系梁）、试验槽、模拟土质边坡（黏性土）、加载装置、试验参数测试仪器设备等。

模型试验在大尺寸模型槽内进行。采用 C30 混凝土模拟支护挡墙；边坡土体采用施工现场采集的土样分层夯实填筑。根据几何相似、物理相似及变形协调原理，进行配筋计算并安装钢筋。钢管桩用空心钢管进行模拟。约束支座和钢管底部采取固定措施。在岩土体顶部设堆载。

在挡土墙、连系梁的坡前和坡后均设置内力测试仪器，位移采用位移计量测，岩土体内埋设微型土压力盒，挡土墙体和钢筋布置应变片。按坡顶、坡中、坡底三段进行监测。

在上述设计的基础上，系统地开展拱形多结构联合支护体系的结构模型试验和岩土体应力应变模型试验，总结和分析拱形多结构联合支护体系的内力分布、位移变化及岩土体应力应变的影响因素及基本规律，寻找边坡失稳的主要影响因素或控制因素，探讨其变形机理。

2.3.1 主要材料及仪器设备

本模型模拟试验使用的主要材料及仪器设备如下：

钢管（ϕ20）、钢筋（Φ6、Φ10）、钢板（厚度 h=8mm）、混凝土（C30，自拌，含砂、石、水泥）、黏性土、钢筋应力计、土压力盒、应变片、位移计、数据和参数量测试验仪器（TST3826F-L 静态应变测试分析系统数据采集仪）、组合式结构试验空间加载系统（YJ-ⅢD-W）等。具体参数设计详见下文阐述。

2.3.2 模型试验箱

试验箱为长方体，底部为钢板，试验箱除前侧（以挡土墙位置为前侧）和顶面外，其余四面围闭，与钢筋混凝土挡墙的交接面敞开，敞开面两边与挡土墙两端面连接。底部钢板锁定在试验台上。底板上设置一道混凝土挡墙固定钢槽，钢槽采用钢板围闭。试验箱与挡土墙之间填入黏性土，模拟土质边坡。模型试验箱及配套构件尺寸和规格见表2-1。

表2-1 模型试验箱及配套构件尺寸和规格一览表

序号	构件名称	规格/mm		材质
1	钢底板	长	1200	钢板
		宽	1100	
		厚度	8	
2	挡土墙底部固定槽	内板直径	800	钢板
		外板直径	100	
		高	200	
		厚度	6	
3	后侧移动推板	高	1270	钢板
		宽	980	
		厚度	6	
4	两侧固定钢板	高	1300	钢板
		宽	1200	
		厚度	6	

试验箱立面的规格为长×宽×高=1.2m×1.0m×1.3m，采用全钢板三面围闭。施加荷载的受力面（后侧）采用钢板，钢板厚度6mm，高×宽=1.3m×1.0m；两侧面采用钢板，高×宽=1.3m×1.2m。如图2-1和图2-2所示。

左侧面　　　　　　右侧面　　　　　　前侧　　　　　　后侧

图2-1 模型试验箱示意图

第 2 章 拱形多结构联合支护体系模型模拟试验

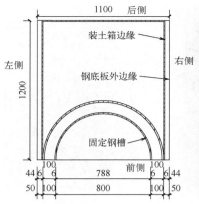

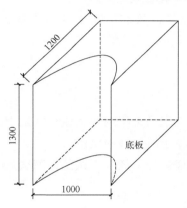

图 2-2 模型试验箱设计图

挡墙底固定钢槽高 200mm，宽 100mm，外直径 D=1000mm，内直径 d=800mm，钢板厚度 6mm，挡土墙底部 200mm 部分嵌入混凝土钢槽内。钢槽内焊接 ⌀10 钢筋，钢筋高度为 100mm，用于连接并固定钢管。如图 2-3 所示。

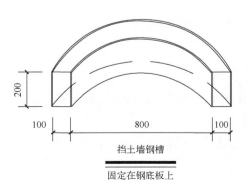
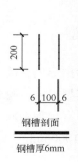

图 2-3

模型箱左右两侧固定钢板　　　　　　后侧推板

图 2-3　挡土墙底部固定钢槽及箱侧板示意图

（单位：mm）

2.3.3　试验土样

试验所用土样为施工现场采集的原状残积红黏土，装入试验箱，按 10cm 一层进行分层夯实，模拟土质边坡的状态。

试验前，对原状土样进行常规土工试验，测试其物理力学特性指标，如图 2-4 所示。

图 2-4　原状黏土土工试验样品制备

2.3.4　支护体系模型

支护体系模型包含拱形挡土墙、钢管、连系梁、钢筋等几部分构件。

（1）拱形挡土墙模型尺寸（图 2-5）

① 高：1300mm，含顶部 100mm 连系梁，底部 200mm 用钢槽固定；

② 外直径（D）：1000mm；

③ 内直径（d）：800mm；

④ 厚度：100mm。

第 2 章 拱形多结构联合支护体系模型模拟试验

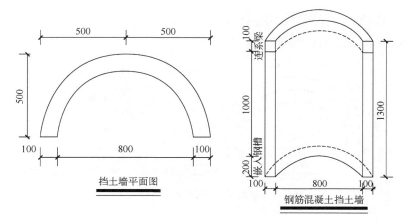

图 2-5 挡土墙平面和立面示意图

（2）挡土墙钢筋（图 2-6）
① 材质：HRB400，采用Ⅲ级钢；
② 直径：水平筋和加强构造筋 ⌀6，竖向筋 ⌀10；
③ 长度：竖向筋 1250mm，顶部插入连系梁 50mm；水平筋通长布置；
④ 布筋：挡土墙采用双层双向布筋，竖向筋 ⌀10@200，水平筋 ⌀6@200，加强构造筋 ⌀6@400（间隔布设）。

竖向筋底部焊接固定在试验槽底部钢板上。

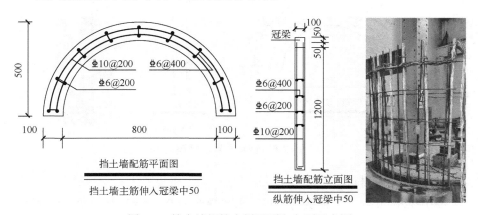

图 2-6 挡土墙钢筋布置平面和立面示意图

（3）连系梁模型尺寸大小（图 2-7）
连系梁宽度和高度均为 100mm。
① 高：100mm，弧形挡土墙嵌入连系梁 50mm；
② 宽：100mm；

③ 直径：与弧形挡土墙同长；
④ 钢筋及配筋：见图 2-7。

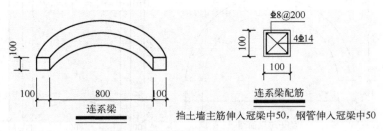

图 2-7 连系梁模型及钢筋布置示意图

（4）钢管（图 2-8）
① 材质：普通焊接钢管；
② 管径：$DN20$；
③ 长度：1250mm，嵌入弧形挡土墙 50mm；
④ 数量：7 根，间距 219mm，其中，两端的钢管距离挡土墙侧边 50mm。钢管底部套在已焊接固定的短钢筋上（见图 2-3 和图 2-6）。

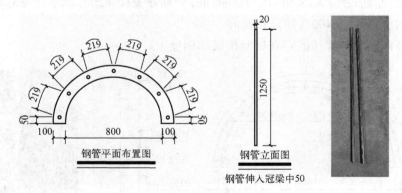

图 2-8 钢管布置示意图

（5）混凝土材料

采用自拌混凝土，强度为 C30。水泥规格为 P·O 42.5R；砂、石材质满足规范要求。

2.3.5 加载系统

本次试验的加载系统采用组合式结构试验空间加载系统（YJ-ⅢD-W），如图 2-9 所示，主要包含油压控制系统、采集系统、加载系统等。该系统可在竖向、水平向两个方向分别施加荷载，竖向最大施加荷载为 1000kN，水平向最大施加荷载为 500kN。本次试验只使用加载系统的水平向加载。竖向加载采用铁锭堆载，每块铁锭重量为 20kg。

图 2-9 模型试验加载系统

2.3.6 试验数据量测和采集仪器设备

试验数据的量测和采集主要使用电阻应变式钢筋应力计、电阻应变片、电阻式土压力盒、位移传感器、自制位移板、静态应变测试分析系统等，各仪器设备具体规格如表 2-2 和图 2-10 所示。

表 2-2 模型试验数据量测和采集仪器设备规格一览表

序号	仪器名称	型号	规格
1	电阻应变式钢筋应力计	JMYJ-1012	量程：±200MPa；精度：0.1%；全桥 120Ω；直径 ϕ10mm；等级：IP68
2	电阻应变片	BF-120-3AA	标距 8mm
3		BF-120-50AA	标距 55mm
4	电阻式压力盒	JMYJ-1301	压力盒外径 28mm，高 10mm；量程：0.1MPa；精度：0.25%FS；全桥 120Ω；材料：合金钢；防水：≥200m
5	静态应变测试分析仪	TST3826F-L	通道：60 测点；量程：±10000με、±100000με；1/4 桥，半桥，全桥；系统示值误差：不大于 0.5%±3με；外形尺寸：465mm×326mm×110mm（长×宽×高）；最高分辨率：0.5με
6	位移传感器	YHD-50	量程：±25mm；全程输出：10000με；校正系数：0.005mm/με；桥路电阻：75Ω；测量反力：1.0~2.5N；尺寸：205mm×38mm×25mm
7		YHD-100	量程：±50mm；全程输出：20000με；校正系数：0.005mm/με；桥路电阻：75Ω；测量反力：1.0~3.0N；尺寸：305mm×38mm×25mm
8	自制位移板		底板采用厚铝片，尺寸：300mm×100mm；传导杆为 ϕ6 钢筋，长度 1.0m

静态应变测试分析系统数据采集仪

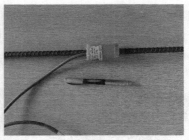
钢筋应力计

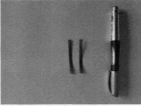
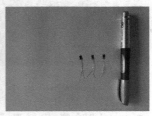
电阻应变片

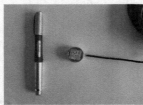

电阻式土压力盒

位移传感器

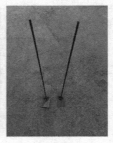
自制位移板

图 2-10　模型试验数据量测和采集仪器设备

2.4　模型模拟试验流程、内容和过程

2.4.1　模型模拟试验流程

本次模型模拟试验的主要内容包含模型试验箱制作、挡土墙制作、土

样制备、试验数据量测仪器设备安装和模型模拟试验 5 部分，试验流程见图 2-11。

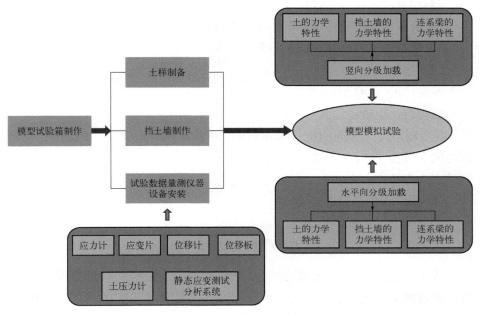

图 2-11　模型模拟试验流程图

2.4.2　模型模拟试验内容及过程

根据图 2-11 所示的模型模拟试验流程，具体的试验内容如下。

2.4.2.1　模型试验箱制作

如表 2-1 和图 2-1～图 2-3 所示，试验箱的钢底板与组合式结构试验空间加载系统试验台用螺栓固定；试验箱左侧、右侧钢板与底板和顶板亦采用螺栓固定；后侧留空，在添加土样前加推板封闭；前侧预留挡土墙位置。

2.4.2.2　挡土墙制作

（1）混凝土（强度为 C30）使用部位

拱形挡土墙、连系梁。

（2）混凝土配合比设计技术指标

设计坍落度 10～30mm，采用人工拌和。

（3）设计依据标准

《混凝土物理力学性能试验方法标准》（GB/T 50081—2019）

《普通混凝土配合比设计规程》（JGJ 55—2011）

《混凝土强度检验评定标准》（GB/T 50107—2010）

《普通混凝土拌合物性能试验方法标准》（GB/T 50080—2016）

（4）原材料

水泥：P·O 42.5；

细骨料：中砂；

粗骨料：5~10mm、10~20mm 碎石，并按 5~10mm：10~20mm=25：75 的比例合成 5~20mm 连续级配碎石；

水：实验室自来水。

（5）配合比

①混凝土配制强度的确定

$$f_{cu,0} \geq f_{cu,k} + 1.645\sigma = 38.2 \text{（MPa）}$$

式中，$f_{cu,0}$ 为混凝土配置强度，MPa；$f_{cu,k}$ 为混凝土立方体抗压强度标准值，取混凝土的设计强度等级值为 30MPa；σ 为混凝土强度标准差，MPa，取 σ =5.0。

②混凝土配合比计算

a．水灰比

$$W/C = \frac{\alpha_a f_{ce}}{f_{cu,0} + \alpha_a \alpha_b f_{ce}} = 0.59$$

式中，W/C 为混凝土水灰比；α_a、α_b 为回归系数，碎石 α_a=0.53，α_b=0.20；f_{ce} 为水泥 28d 胶砂抗压强度，MPa，无法取得水泥实际强度，采用下式估计：

$$f_{ce} = \gamma_c f_{ce,g} = 48 \text{（MPa）}$$

式中，γ_c 为水泥富余系数，取 γ_c=1.13；$f_{ce,g}$ 为水泥强度等级值 42.5MPa。

b．用水量

根据坍落度要求，碎石最大粒径为 20mm，查《普通混凝土配合比设计规程》中表 5.2.1 得出用水量 m_{w0}=185kg/m³，采用中砂。

c．水泥用量

$$m_{c0} = \frac{m_{w0}}{W/C} = 314 \text{（kg/m}^3\text{）}$$

式中，m_{w0} 为每立方米混凝土的用水量，kg/m³；W/C 为水灰比；m_{c0} 为每立方米混凝土的水泥用量，kg/m³。

d．砂率

查《普通混凝土配合比设计规程》表 5.4.2 得砂率 β_s=38%。

e．砂、石子用量

采用质量法，假设混凝土拌合物质量为 m_{cp}=2400 kg/m³，有：

$$\begin{cases} 314 + m_{g0} + m_{s0} + 185 = 2400 \\ \dfrac{m_{s0}}{m_{g0} + m_{s0}} = 38\% \end{cases}$$

式中，m_{g0} 为碎石质量，kg/m³；m_{s0} 为砂质量，kg/m³。

经计算，碎石 m_{g0}=1178 kg/m³，砂 m_{s0}=722 kg/m³。

f．配合比

m_{c0}：m_{s0}：m_{g0}：m_{w0} = 314：722：1178：185 = 1：2.3：3.75：0.59

（6）混凝土配合比的试配、调整与确定

根据上述配合比，试配拌制 12L，各材料用量如表 2-3 所示。

表 2-3 混凝土制备各材料用量表

原材料	用量/kg
水泥	3.77
砂	8.66
碎石	14.14
水	2.22

搅拌均匀后，做坍落度试验，测得坍落度为 28.2mm，黏聚性良好，保水性良好，工作性满足要求。

2.4.2.3 土样制备

土样采自模型模拟试验模拟对象的施工现场，为贵州山区常见的原状残积红黏土。对原状土样进行常规土工试验，测试土样的物理力学特性指标，主要为含水率、密度、c 和 φ 值等。

在装填土样前，将原状土样进行清理，去除植物根系等杂物，按 10cm 一层，在试验槽内逐层夯实装填，土样装填高度为 1.2m。待土样分层夯实装填至预定高度后，在土样顶面均匀铺一层 15cm 厚的中细砂，在中细砂上均匀铺一层 10cm 厚的碎石，在碎石上再铺一层方木，使顶部施加的荷载能均匀传递给土层。具体见图 2-12 所示。

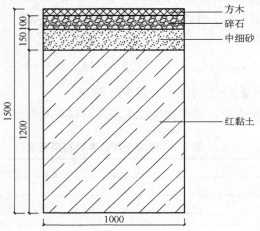

图 2-12 模型箱土样装填示意

2.4.2.4 试验数据量测仪器设备布置

(1) 土压力盒布设及安装

两个土压力盒的埋设深度均为 0.6m（埋设在土层中，土层高度 1.2m），平面位置如图 2-13 所示。土压力盒竖向布置，受力面朝着后侧推板方向，测试水平向荷载变化情况。

(2) 钢筋应力计布设及安装

本次试验共布设 7 个钢筋应力计，与挡土墙竖向主筋焊接在一起。共设置 3 排 7 列，焊接在钢管附近的主筋中，按上、中、下三个位置间隔布置。具体布设位置如图 2-14 和图 2-6 所示。

在焊接钢筋应力计过程中，应先用浸水湿布裹住钢筋应力计，一边焊接一边淋水降温，防止焊接过程中产生的高温对钢筋应力计造成伤害。

第 2 章 拱形多结构联合支护体系模型模拟试验

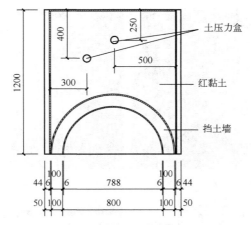

图 2-13 土压力盒布设平面示意图

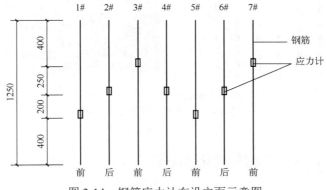

图 2-14 钢筋应力计布设立面示意图

（3）应变片布设及安装

应变片布设安装在钢管、挡土墙的前侧和后侧，具体见图 2-15 所示。应变片的安装程序如下：

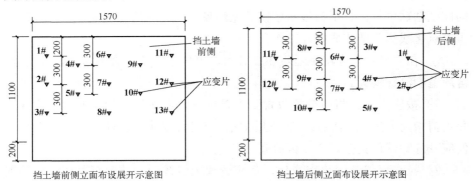

图 2-15

前侧应变片安装　　　　　　　　后侧应变片安装

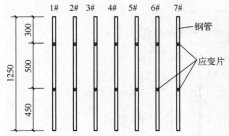

钢管布设应变片示意图

图 2-15　应变片布设及安装示意

（单位：mm）

① 确定应变片在试件上的粘贴位置。

② 粘贴前去除试件表面的油脂、灰尘、油漆等，并用#160砂纸进行打磨，打磨区域略大于粘贴面积。在贴片位置用细砂纸打磨出与受力方向呈现45°的交叉纹，用于增加材料和应变片之间的摩擦，避免粘贴应变片时出现打滑的现象，在粘贴位置用记号笔标记序号。

③ 精细清洁：用工业纱布或脱脂棉蘸取少量溶剂（如丙酮）向同一方向擦拭粘贴位置，直至新纱布擦拭后无污染为止。清洁完成后，在试件表面再度氧化或污染前完成贴片工作。

④ 在应变片背面滴下适量502胶水，可根据应变片大小增加胶水用量，再用毛刷涂抹均匀。

⑤ 按压固化：将应变片放置到测量位置，拿塑料膜片快速固定应变片并用拇指用力按压，因胶水会很快固化，该过程要快速进行。按压固化60s，使应变片和试件完全黏合后再放开。

⑥ 拉高引线：固化完成后，从应变片无引线的一端向有引线的一端揭掉薄膜，小心去除应变片周围的多余胶水。将应变片导线末端拉高，注意不

要将引线拉断,用镊子固定住接近焊点处的引线。

⑦ 粘贴接线端子:在距离应变片 3~5mm 处粘贴接线端子。

⑧ 焊接引线:将引线置于端子上方,加焊锡,使用电烙铁将端子与引线牢固焊接在一起,注意保持引线稍微的松弛度,多余导线用镊子夹断。在紧连应变片的下部贴上绝缘胶布,胶布下面用胶水粘接一片连接片。

⑨ 焊接延长导线:导线一般由多根铜线构成,容易散开。散开的铜线极易同时碰触到两根应变片引线及试件表面造成短路或电阻异常,先用焊料镀覆导线的裸露芯线。将导线末端焊接到端子上。不过度加热端子,防止金属箔剥离。将应变片的引线和连接应变仪的导线相连并焊接在连接片上,以便固定。用绝缘胶布将导线固定。

⑩ 防护涂层:为防止应变片受潮降低电阻和黏结强度,给焊接好的导线立即涂上环氧树脂和 AB 胶防护层,放置一段时间即可达到一定强度。

在挡土墙的前面、背面及两个端面分别设置应变片,总共设置 3 排 5 列,顶部、中部、底部各设置 1 排,共 26 个;每根钢管设置两组,共 14 个;总共安装 40 个应变片。

(4)位移计和位移板布设及安装

位移计和位移板的布设和安装示意见图 2-16 所示。

挡土墙前侧连系梁的中点、两端面的顶部及挡土墙底部位移:采用电子位移计测试,设置 2 排 3 列,在顶部和底部各设置 2 排 2 列,中间顶部和底部各设置 1 列。

后侧推板的位移:在中间偏顶部设置一个位移计,测试推板的位移。

土中位移:在土中设置 2 个位移量测点,采用位移板量测土的位移。在土中安装位移板时,位移板水平放置,钢筋加套 $\phi 15$ 的 PVC 管,以消除土体与位移板上钢筋的摩擦力。后侧推板在设计位置提前开好 30mm× 30mm 的孔,位移板钢筋从孔中伸出,伸出后侧推板长度为 20cm,钢筋顶端安装位移计,量测位移板的位移,进一步计算土体在竖向和水平荷载作用下的位移。

(5)后侧推板水平向加载

在施加水平向荷载前,需在后侧推板上均匀布设方木条,荷载施加在方木条上,使后侧施加的荷载通过布设的方木条均匀加在推板上。

2.4.2.5 模型模拟试验过程

模型模拟试验荷载的施加分为竖向加载和水平向加载。先进行竖向分级加载，再进行水平向分级加载。

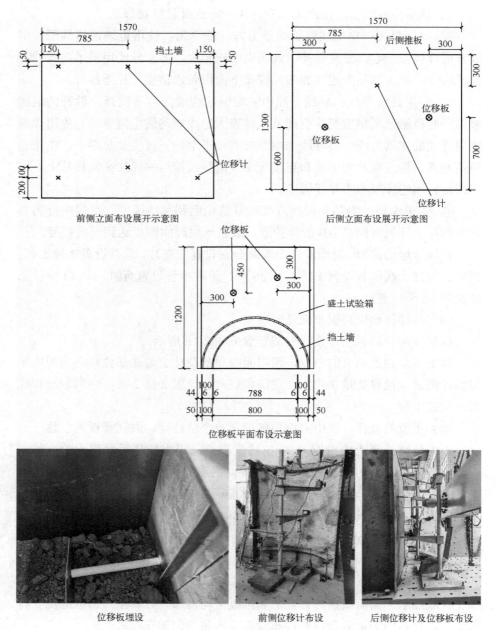

图 2-16 位移计和位移板布设及安装示意

（1）竖向加载

竖向荷载分三级加载，每次施加荷载为 60kg，加载量分别为 60kg、120kg

和 180kg。每级荷载施加完毕后，间隔 5min，待荷载稳定后，再施加下一级荷载，并开始量测和采集各构件的应力、应变和位移值。竖向分级加载具体数据见表 2-4。

表 2-4 竖向分级加载数据表

加载量		加载面积/m²	压强/kPa
kg	kN		
60	0.59	0.70	0.85
120	1.18	0.70	1.69
180	1.77	0.70	2.53

（2）水平向加载

施加在模拟边坡土体后侧的荷载，采用组合式结构试验空间加载系统直接加载。共分 8 级加载，加载量为 10kN、15kN、19kN、22kN、25kN、27kN、29kN、31kN。在逐级加载过程中，每级施加荷载完毕后，间隔 5min，待荷载稳定后，再施加下一级荷载，并开始量测和采集各构件的应力、应变和位移值。水平向分级加载具体数据见表 2-5。

表 2-5 水平向分级加载数据表

加载量/kN	加载面积/m²	压强/kPa
10	1.24	8
15	1.24	12
19	1.24	15
22	1.24	18
25	1.24	20
27	1.24	22
29	1.24	23
31	1.24	25

2.5 小结

本章介绍了模型模拟试验的试验方案，详细阐述了试验目的、试验原理、试验方案设计、试验流程、试验内容、试验过程，对仪器设备、模型试验箱、试验土样、支护结构模型、加载系统、试验数据量测和采集仪器设备分别进行了介绍。

第 3 章
模型模拟试验测试结果讨论与分析

按第 2 章介绍的模型模拟试验流程和试验步骤，分级施加竖向荷载和水平向荷载，利用静态应变测试分析系统采集的应变片、钢筋应力计、位移计的测试数据进行研究，测试结果和讨论分析如下所述。其中，应力应变试验数值，"+"表示拉，"−"表示压。

3.1 模型模拟试验测试结果

3.1.1 应变测试结果

根据试验方案，对不同竖向荷载和水平荷载作用下，挡土墙前侧和后侧墙面的应变、钢管的应变进行了测试，剔除试验过程中的异常值，试验数据整理如下。

3.1.1.1 挡土墙应变

（1）竖向加载

在竖向加载条件下，剔除试验测试过程中异常的 2#、3# 应变片数据，得出挡土墙后侧应变的测试数据如表 3-1 和图 3-1 所示；挡土墙前侧应变的测试数据如表 3-2 和图 3-2 所示。

表 3-1　竖向荷载下挡土墙后侧应变测试数据统计　　　　　　　　单位：με

荷载/kN	应变片编号									
	1	4	5	6	7	8	9	10	11	12
0.59	−18.61	−19.68	−18.37	−18.5	−20.05	−27.63	−16.81	−25.25	−26.93	−17.04
1.18	−35.75	−36.9	−36.87	−35.76	−37.87	−51.21	−33.63	−48.56	−47.12	−37.13
1.77	−49.21	−50.43	−49.2	−49.32	−51.24	−61.32	−47.08	−61.88	−65.07	−51.64

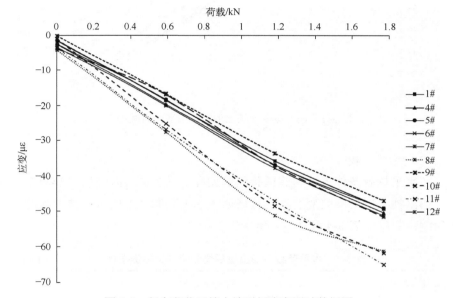

图 3-1　竖向荷载下挡土墙后侧应变测试数据图

表 3-2　竖向荷载下挡土墙前侧应变测试数据统计　　　　　　　　单位：με

荷载/kN	应变片编号											
	27	28	29	30	31	32	33	34	35	36	37	38	39
0.59	−20.19	−21.02	−21.25	−16.74	−20.07	−13.32	−17.56	−13.51	−20.1	−16.92	−14.29	−16.63	−14.83
1.18	−38.15	−37.73	−38.08	−30.13	−36.79	−27.75	−30.86	−27.03	−37.98	−34.79	−30.99	−34.38	−31.63
1.77	−51.61	−52.21	−51.54	−40.18	−50.17	−37.74	−40.83	−38.29	−54.73	−48.19	−44.34	−47.68	−45.07

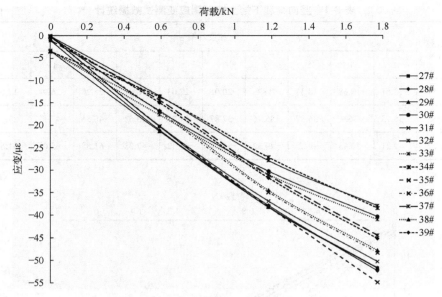

图 3-2 竖向荷载下挡土墙前侧应变测试数据图

（2）水平加载

在水平加载条件下，剔除试验测试过程中异常的 2#、3#、12#应变片数据，得出挡土墙后侧应变的测试数据如表 3-3 和图 3-3 所示；挡土墙前侧应变的测试数据如表 3-4 和图 3-4 所示。

表 3-3 水平荷载下挡土墙后侧应变测试数据统计　　　　　　单位：με

荷载 /kN	应变片编号								
	1	4	5	6	7	8	9	10	11
10.3	−89.6	−91.02	−86.19	−113.44	−105.82	−99.5	−88.56	−106.28	−118.92
15.0	−103.06	−107.01	−100.98	−152.89	−125.87	−119.71	−105.37	−119.6	−143.6
19.0	−110.41	−115.62	−108.38	−197.28	−142.58	−147.79	−115.46	−132.92	−163.8
22.0	−129.99	−135.3	−125.64	−242.9	−170.43	−188.22	−140.12	−157.34	−191.85
24.5	−138.56	−146.37	−134.27	−271.26	−187.14	−198.32	−150.21	−167.33	−205.31
27.0	−139.78	−153.75	−140.44	−289.76	−200.5	−219.66	−160.3	−173.99	−222.04
29.5	−144.68	−163.59	−146.6	−315.65	−217.21	−236.51	−170.39	−177.32	−238.97
31.0	−145.9	−168.51	−150.3	−331.68	−231.69	−233.14	−177.12	−173.99	−314.13

第3章 模型模拟试验测试结果讨论与分析

表 3-4 水平荷载下挡土墙前侧应变测试数据统计

单位：με

荷载/kN	应变片编号												
	27	28	29	30	31	32	33	34	35	36	37	38	39
10.3	−92	−98.99	−93.05	−74.77	−91.43	−67.71	−74.07	−68.69	−88.24	−86.17	−75.51	−87.6	−79.79
15.0	−106.58	−116.81	−106.51	−84.82	−108.15	−74.37	−85.15	−82.2	−102.76	−99.57	−85.52	−108.67	−93.23
19.0	−113.31	−130.18	−113.24	−94.86	−118.19	−74.37	−91.8	−88.96	−106.11	−112.97	−88.86	−121.98	−99.95
22.0	−130.14	−153.57	−133.44	−108.25	−136.03	−84.36	−105.09	−106.97	−122.86	−129.73	−102.22	−141.94	−113.39
24.5	−140.24	−166.94	−144.66	−116.06	−149.41	−84.36	−111.74	−117.11	−129.56	−136.43	−108.9	−156.36	−120.11
27.0	−150.34	−181.42	−151.39	−122.76	−156.1	−77.7	−118.39	−123.86	−136.26	−143.13	−112.23	−163.01	−123.47
29.5	−157.07	−194.79	−158.12	−129.46	−162.79	−71.04	−121.71	−130.62	−139.61	−149.83	−115.57	−156.36	−130.19
31.0	−160.43	−204.81	−164.85	−132.8	−169.48	−71.04	−121.71	−134	−139.61	−154.3	−115.57	−151.92	−133.55

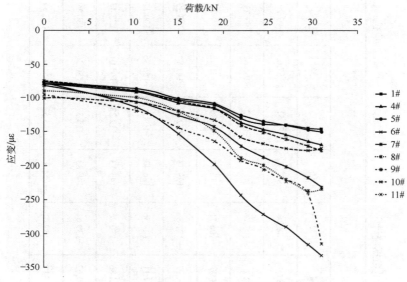

图 3-3 水平荷载下挡土墙后侧应变测试数据图

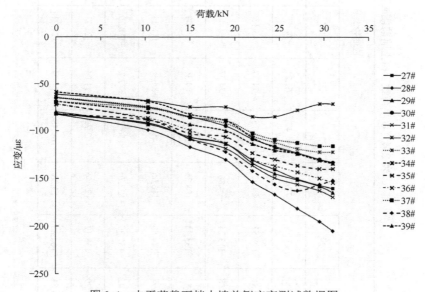

图 3-4 水平荷载下挡土墙前侧应变测试数据图

3.1.1.2 钢管应变

（1）竖向加载

在竖向加载条件下，剔除试验测试过程中异常的 15#、17#、20#、22# 应变片数据，得出钢管应变的测试数据如表 3-5 和图 3-5 所示。

表 3-5　竖向荷载下钢管应变测试数据统计　　　　　单位：με

荷载/kN	应变片编号									
	13	14	16	18	19	21	23	24	25	26
0.59	−22.29	−24.95	−21.95	−24.42	−19.6	−20.16	−13.54	−26.13	−23.44	−19.25
1.18	−42.16	−45.13	−38.75	−47.85	−36.29	−36.96	−30.25	−49.69	−44.84	−37.04
1.77	−58.72	−59.7	−52.19	−61.24	−49.65	−54.88	−44.73	−66.52	−58.35	−50.38

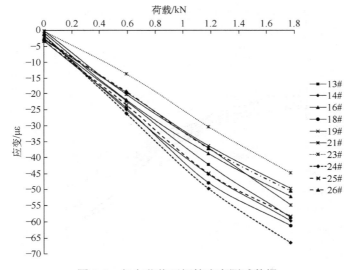

图 3-5　竖向荷载下钢管应变测试数据

（2）水平加载

在水平加载条件下，剔除试验测试过程中异常的 15#、17#、20#、22# 应变片数据，得出钢管应变的测试数据如表 3-6 和图 3-6 所示。

表 3-6　水平荷载下钢管应变测试数据统计　　　　　单位：με

荷载/kN	应变片编号									
	13	14	16	18	19	21	23	24	25	26
10.3	−99.57	−106.79	−93.63	−105.88	−94.17	−101.92	−81.48	−121.49	−102.26	−94.86
15.0	−116.13	−124.72	−110.43	−125.97	−114.2	−123.2	−94.85	−138.32	−120.28	−111.54
19.0	−122.75	−134.81	−117.15	−136.02	−128.67	−136.64	−101.53	−152.9	−127.04	−121.54
22.0	−143.72	−158.35	−137.31	−160.57	−152.04	−163.52	−122.7	−176.46	−150.68	−141.56

续表

荷载/kN	应变片编号									
	13	14	16	18	19	21	23	24	25	26
24.5	−156.97	−171.8	−151.87	−173.96	−168.74	−181.44	−132.72	−189.93	−160.82	−151.56
27.0	−163.59	−181.89	−158.59	−184	−182.09	−194.88	−142.75	−200.02	−167.57	−162.68
29.5	−170.22	−188.62	−168.67	−194.05	−196.56	−211.68	−149.43	−210.12	−178.83	−169.35
31.0	−173.53	−196.47	−172.03	−197.4	−206.58	−225.12	−156.12	−216.85	−185.59	−172.69

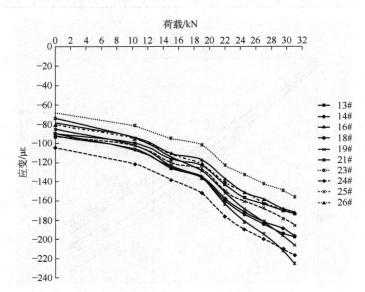

图 3-6　水平荷载下钢管应变测试数据

3.1.2　钢筋应力计测试结果

（1）竖向加载

在竖向加载条件下，剔除试验测试过程中异常的 41#、45#、46#钢筋应力计数据，得出钢筋应力计应力的测试数据如表 3-7 和图 3-7 所示。

表 3-7　竖向荷载下钢筋应力计应力测试数据统计　　　　单位：MPa

荷载/kN	应力计编号			
	42	43	44	47
0.59	−0.13	0	−0.07	−0.07
1.18	−0.2	−0.07	−0.07	−0.14
1.77	−0.2	−0.07	−0.07	−0.2

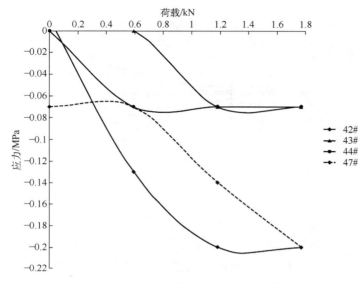

图 3-7 竖向荷载下钢筋应力计应力测试数据图

（2）水平加载

在水平加载条件下，得出钢筋应力计应力的测试数据如表 3-8 和图 3-8 所示。

表 3-8　水平荷载下钢筋应力计应力测试数据统计　　　　单位：MPa

荷载/kN	应力计编号						
	41	42	43	44	45	46	47
10.3	0	-0.34	-0.07	0.07	-0.2	0.14	-0.41
15.0	0	-0.47	-0.07	0.14	-0.34	0.14	-0.41
19.0	-0.07	-0.54	-0.07	0.27	-0.41	0.2	-0.61
22.0	-0.07	-0.61	-0.14	0.41	-0.55	0.34	-0.88
24.5	-0.07	-0.68	-0.2	0.55	-0.61	0.41	-1.16
27.0	-0.07	-0.88	-0.2	0.68	-0.75	0.61	-1.57
29.5	-0.07	-0.95	-0.27	0.82	-0.82	0.88	-2.59
31.0	-0.07	-1.09	-0.27	1.02	-0.89	1.02	-3.61

3.1.3　位移计测试结果

3.1.3.1　挡土墙前侧位移

（1）竖向加载

在竖向加载条件下，剔除试验测试过程中的异常数据，得出挡土墙前侧位移计位移的测试数据如表 3-9 和图 3-9 所示。

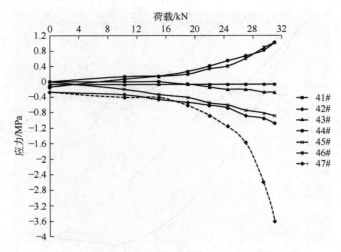

图 3-8 水平荷载下钢筋应力计应力测试数据图

表 3-9 竖向荷载下位移计位移测试数据统计　　　　单位：mm

荷载/kN	位移计编号					
	51	52	53	54	55	56
0.59	0.9218	1.057	1.2016	0.8469	1.0217	0.8514
1.18	1.7801	1.7356	2.0599	1.5244	1.8732	1.5326
1.77	2.2951	2.2446	2.5749	2.0325	2.384	2.0435

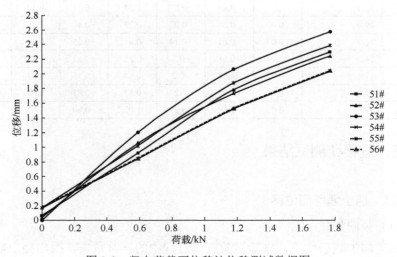

图 3-9 竖向荷载下位移计位移测试数据图

(2) 水平加载

在水平加载条件下，剔除试验过程中的异常数据，得出挡土墙前侧位移计位移的测试数据如表 3-10 和图 3-10 所示。

表 3-10　水平荷载下位移计位移测试数据统计　　　　　　　单位：mm

荷载(kN)	位移计编号					
	51	52	53	54	55	56
10.3	3.1534	1.9053	3.7766	3.3875	3.4058	3.7463
15.0	1.0935	0.3003	4.2915	2.8793	2.8949	4.2572
19.0	1.3098	2.6756	3.9482	3.2181	2.2137	3.9166
22.0	3.198	4.7115	3.6049	3.3875	2.2137	3.7463
24.5	5.0863	7.0868	2.7466	3.2181	1.192	4.7681
27.0	5.773	8.6138	2.4033	2.71	0	5.7898
29.5	6.1163	6.5778	1.545	2.2018	1.192	3.2355
31.0	7.3179	6.5778	0.515	1.8631	0.8514	—

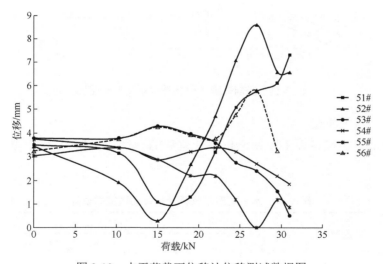

图 3-10　水平荷载下位移计位移测试数据图

3.1.3.2　后方挡土板及土体位移

(1) 竖向加载

在竖向加载条件下，剔除试验测试过程中的异常数据，得出位移计位移的测试数据如表 3-11 和图 3-11 所示。其中，位移计编号 57#和 59#测试的数据为土体中位移板的位移，58#为后方挡土板位移，下同。

表 3-11 竖向荷载下位移计位移测试数据统计　　　　　　单位：mm

荷载/kN	位移计编号		
	57	58	59
0.59	0.01709	0.00356	0
1.18	0.06836	0.04726	0.05122
1.77	0.13672	0.03743	0.13658

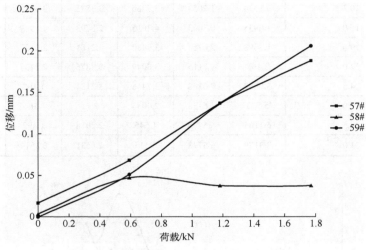

图 3-11 竖向荷载下位移计位移测试数据图

（2）水平加载

在水平加载条件下，得出位移计位移的测试数据如表 3-12 和图 3-12 所示。

表 3-12 水平荷载下位移计位移测试数据统计　　　　　　单位：mm

荷载/kN	位移计编号		
	57	58	59
10.3	0.32471	0.17293	0.35853
15.0	2.54639	5.59285	1.38292
19.0	5.09277	10.64015	2.74876
22.0	7.79297	15.67052	4.11461
24.5	10.74951	21.09044	5.53167
27.0	13.74023	26.3918	—
29.5	17.07275	30.62612	—
31.0	20.91797	—	—

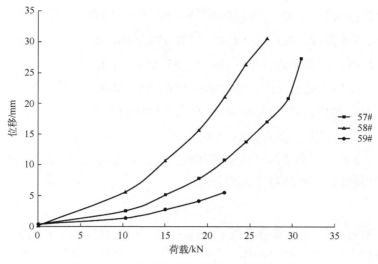

图 3-12　水平荷载下位移计位移测试数据图

3.2　测试结果分析与讨论

3.2.1　应变测试结果分析与讨论

3.2.1.1　挡土墙应变

（1）竖向加载

根据表 3-1 和图 3-1，分析竖向荷载下挡土墙后侧应变与荷载的关系，对不同竖向荷载等级下各应变测点的应变数据采用二次多项式进行数据拟合分析。检查了拟合过程中的异常数据，发现部分数据偏离拟合曲线较大。去除了异常数据后，重新进行了二次多项式拟合。经过数据拟合，得到了以下拟合公式和拟合系数：

应变 1 的拟合公式：$\varepsilon=-0.001F^2+29.104F-18.438$　　　　(3-1)

应变 4 的拟合公式：$\varepsilon=-0.001F^2+29.807F-19.512$　　　　(3-2)

应变 5 的拟合公式：$\varepsilon=-0.001F^2+29.289F-18.519$　　　　(3-3)

应变 6 的拟合公式：$\varepsilon=-0.001F^2+29.321F-18.656$　　　　(3-4)

应变 7 的拟合公式：$\varepsilon=-0.001F^2+30.002F-19.955$　　　　(3-5)

应变 8 的拟合公式：$\varepsilon=-0.001F^2+41.025F-27.714$ (3-6)

应变 9 的拟合公式：$\varepsilon=-0.001F^2+24.774F-16.796$ (3-7)

应变 10 的拟合公式：$\varepsilon=-0.001F^2+37.105F-25.152$ (3-8)

应变 11 的拟合公式：$\varepsilon=-0.001F^2+38.530F-26.890$ (3-9)

应变 12 的拟合公式：$\varepsilon=-0.001F^2+25.573F-17.032$ (3-10)

式中，ε 为应变；F 为荷载，kN。

为了得到一个能够同时描述所有应变测点的通用公式，对各公式的系数进行了平均处理，得到以下通用公式：

$$\varepsilon=aF^2+bF+c \qquad (3\text{-}11)$$

式中，a、b、c 为拟合系数。$a=-0.001$，$b=32.247$，$c=-20.663$。

在进行二次拟合的过程中，通过残差分析识别异常数据点。残差是实际数据点与拟合曲线之间的差值，如果某个数据点的残差显著偏离其他数据点，则可以认为它是异常数据。通过残差分析，未发现明显异常的数据点。所有数据点均在拟合曲线附近，表明这些数据点均符合拟合模型的预期。由于无显著异常数据，因此无须剔除数据点重新拟合。所有拟合结果和通用公式均基于完整的数据集。

通过对试验数据的分析和拟合，发现各应变测点的应变随竖向荷载的增加而逐渐增大，呈现出二次多项式的变化趋势。拟合得到的通用公式进一步简化了数据的描述，结果表明，随着荷载的增加，挡土墙后侧的应变呈现出较为一致的变化规律。

根据表 3-2 和图 3-2，分析竖向荷载下挡土墙前侧应变与荷载的关系，对不同竖向荷载等级下各应变测点的应变数据采用二次多项式进行数据拟合分析。经过数据拟合，得到了以下拟合公式和拟合系数：

应变 27 的拟合公式：$\varepsilon=-18.78F^2-9.42F-0.21$ (3-12)

应变 28 的拟合公式：$\varepsilon=-18.34F^2-9.22F-0.20$ (3-13)

应变 29 的拟合公式：$\varepsilon=-18.96F^2-9.48F-0.21$ (3-14)

应变 30 的拟合公式：$\varepsilon=-14.79F^2-7.39F-0.16$ (3-15)

应变 31 的拟合公式：$\varepsilon=-18.05F^2-9.01F-0.20$ (3-16)

应变 32 的拟合公式：$\varepsilon=-11.97F^2-5.98F-0.13$ (3-17)

应变 33 的拟合公式：$\varepsilon=-15.78F^2-7.89F-0.17$ (3-18)

应变 34 的拟合公式：$\varepsilon=-12.15F^2-6.08F-0.14$ (3-19)

应变 35 的拟合公式：$\varepsilon=-18.02F^2-9.01F-0.20$ （3-20）

应变 36 的拟合公式：$\varepsilon=-15.14F^2-7.57F-0.17$ （3-21）

应变 37 的拟合公式：$\varepsilon=-13.14F^2-6.57F-0.15$ （3-22）

应变 38 的拟合公式：$\varepsilon=-15.79F^2-7.90F-0.18$ （3-23）

应变 39 的拟合公式：$\varepsilon=-14.98F^2-7.49F-0.17$ （3-24）

为了得到一个能够同时描述所有应变测点的通用公式，对各公式的系数进行了平均处理，得到以下通用公式：

$$\varepsilon=-15.77F^2-7.88F-0.18 \quad （3-25）$$

在进行拟合的过程中，通过残差分析，未发现明显异常的数据点。所有数据点均在拟合曲线附近，表明这些数据点均符合拟合模型的预期。由于无显著异常数据，因此无须剔除数据点重新拟合。所有拟合结果和通用公式均基于完整的数据集。

通过对试验数据的分析和拟合，发现荷载与应变之间的关系呈现显著的二次关系。随着荷载的增加，应变的变化不仅是非线性的，而且存在明显的加速增长趋势。

对挡土墙前侧和后侧的应变数据进行分析后，可以总结出以下规律和变化特点：

竖向荷载下的应变数据分析显示，应变与荷载之间存在显著的线性关系，同时受二次效应的影响较小。各位置的应变随荷载增加呈一致的变化趋势。

二次效应：二次项系数 a 表示应变与荷载之间的非线性关系。虽然二次项系数较小，但仍对应变随荷载增加的趋势有一定影响。

一致性：不同位置的应变数据拟合公式显示出较一致的规律，各公式的一阶和二阶系数在同一数量级，表明各位置的应变随荷载的变化趋势相似。

应变变化幅度：各拟合公式的截距 c 和一次项系数 b 表明，随着荷载的增加，应变值均呈现负值，说明应变主要表现为压缩状态。

无论是前侧还是后侧，挡土墙在竖向荷载作用下，应变均表现出非线性增长的趋势。应变随着竖向荷载的增加，增长速率逐渐减小，表现在二次拟合公式中的二次项和一次项系数均为负。前侧和后侧的应力和应变变化规律相似，都表现出随着荷载增加而增加的趋势，且这种增加是非线性的。

前侧和后侧在具体应变数值上存在一定差异，这可能是由土压力的分布、墙体结构特点、土体性质等多种因素引起的。后侧应变的绝对值略高于前侧,这可能是由于后侧土体对墙体的反作用力较大,应变的增幅较明显。

(2) 水平荷载

根据表 3-3 和图 3-3,分析水平荷载下挡土墙后侧应变与荷载的关系,对不同水平荷载等级下各应变测点的应变数据采用二次多项式进行数据拟合分析。检查了拟合过程中的异常数据,发现部分数据偏离拟合曲线较大。去除了异常数据后,重新进行了二次多项式拟合。经过数据拟合,得到了以下拟合公式和拟合系数:

应变 1: $\varepsilon = 5.75F^2 - 1.05F - 1.35$ （3-26）

应变 4: $\varepsilon = 5.61F^2 - 1.01F - 1.30$ （3-27）

应变 5: $\varepsilon = 5.70F^2 - 1.04F - 1.32$ （3-28）

应变 6: $\varepsilon = 6.10F^2 - 1.15F - 1.42$ （3-29）

应变 7: $\varepsilon = 5.80F^2 - 1.09F - 1.37$ （3-30）

应变 8: $\varepsilon = 6.35F^2 - 1.20F - 1.50$ （3-31）

应变 9: $\varepsilon = 5.65F^2 - 1.02F - 1.31$ （3-32）

应变 10: $\varepsilon = 5.95F^2 - 1.10F - 1.35$ （3-33）

应变 11: $\varepsilon = 6.00F^2 - 1.12F - 1.37$ （3-34）

为了得到一个能够同时描述所有应变测点的通用公式,对各公式的系数进行了平均处理,得到以下通用公式:

$$\varepsilon = 5.85F^2 - 1.08F - 1.35 \quad (3-35)$$

在进行二次拟合的过程中,通过残差分析,未发现明显异常的数据点。所有数据点均在拟合曲线附近,表明这些数据点均符合拟合模型的预期。由于无显著异常数据,因此无须剔除数据点重新拟合。所有拟合结果和通用公式均基于完整的数据集。

通过分析不同水平荷载下的应变数据,可以看出:

随着水平荷载的增加,应变值逐渐增大,并且这种变化趋势可以用二次多项式较好地描述。拟合公式的二次项系数大致在 5.61 到 6.35 之间,表明不同测点的应变变化规律较为一致。

根据表 3-4 和图 3-4,分析水平荷载下挡土墙前侧应变与荷载的关系,对不同水平荷载等级下各应变测点的应变数据采用二次多项式进行数据拟合分析。经过数据拟合,得到了以下拟合公式和拟合系数:

应变27: $\varepsilon=-0.0134F^2-1.8456F-92.00$ (3-36)

应变28: $\varepsilon=-0.0141F^2-1.9765F-98.99$ (3-37)

应变29: $\varepsilon=-0.0139F^2-1.9271F-93.05$ (3-38)

应变30: $\varepsilon=-0.0112F^2-1.5483F-74.77$ (3-39)

应变31: $\varepsilon=-0.0135F^2-1.8609F-91.43$ (3-40)

应变32: $\varepsilon=-0.0102F^2-1.4058F-67.71$ (3-41)

应变33: $\varepsilon=-0.0112F^2-1.5514F-74.07$ (3-42)

应变34: $\varepsilon=-0.0104F^2-1.4213F-68.69$ (3-43)

应变35: $\varepsilon=-0.0135F^2-1.8609F-88.24$ (3-44)

应变36: $\varepsilon=-0.0129F^2-1.7783F-86.17$ (3-45)

应变37: $\varepsilon=-0.0113F^2-1.5638F-75.51$ (3-46)

应变38: $\varepsilon=-0.0135F^2-1.8609F-87.60$ (3-47)

应变39: $\varepsilon=-0.0124F^2-1.7061F-79.79$ (3-48)

为了得到一个能够同时描述所有应变测点的通用公式，对各公式的系数进行了平均处理，得到以下通用公式：

$$\varepsilon=-0.0125F^2-1.7482F-86.23 \quad (3-49)$$

这个通用公式综合了所有应变数据的变化趋势，可以较好地描述水平荷载下应变的总体规律。应变随水平荷载增加而增加，同样表现出非线性增长的趋势。拟合系数显示，在高荷载下，应变的变化速率显著提高。

在数据分析过程中，发现了一些异常数据。这些异常数据在去除后进行重新拟合，得到的公式更加准确地反映了荷载与应力、应变的关系。在进行二次拟合的过程中，通过残差分析，未发现明显异常的数据点。所有数据点均在拟合曲线附近，表明这些数据点均符合拟合模型的预期。由于无显著异常数据，因此无须剔除数据点重新拟合。所有拟合结果和通用公式均基于完整的数据集。

试验数据揭示了应变随着水平荷载增加而增加的非线性关系。这种非线性特性表明，在较高荷载下，材料的应变变化更加剧烈。所有应变数据随着水平荷载的增加而呈现出显著的非线性增长趋势。

通过对挡土墙后侧在不同水平荷载下的应变数据进行二次多项式拟合分析，得出了一些规律。总体来说，随着水平荷载的增加，应变呈现出非线性增加的趋势。具体而言，应变随着荷载的增加而增大，在较低荷载时增长较为缓慢，而在较高荷载时增长速度加快。每组数据的拟合结果表明，二次项的系数均为负值，说明应变的增长趋势是递减的，这与材料的非线性变形特性一致。水平荷载与应变之间的关系体现了材料的弹塑性特征：应变随荷载增大而增大，且在高荷载下应变增长加快。

在对挡土墙前侧和后侧的应变数据进行分析后，可以总结出以下规律和变化特点：

相似性：无论是前侧还是后侧，挡土墙在水平荷载作用下，应变均表现出非线性增长的趋势。应力和应变随着水平荷载的增加，增长速率逐渐减小，表现为二次拟合公式中的二次项和一次项系数均为负。前侧和后侧的应力和应变变化规律相似，都表现出随着荷载增加而增加的趋势，且这种增加是非线性的。

差异性：前侧和后侧在具体应变数值上存在一定差异，这可能是由土压力的分布、墙体结构特点、土体性质等多种因素引起的。

后侧应变的绝对值略高于前侧，这可能是后侧土体对墙体的反作用力较大，导致应力和应变的增幅较明显。

3.2.1.2 钢管应变测试结果分析与讨论

（1）竖向加载

根据表 3-5 和图 3-5，分析竖向荷载下埋设于挡土墙内的钢管应变与荷载的关系，对不同竖向荷载等级下各应变测点的应变数据采用二次多项式进行数据拟合分析。检查拟合过程中的异常数据，发现部分数据偏离拟合曲线较大。去除了异常数据后，重新进行了二次多项式拟合。经过数据拟合，得到了以下拟合公式和拟合系数：

应变 13： $\varepsilon = -20.3F^2 - 21.3F - 22.29$ （3-50）

应变 14： $\varepsilon = -22.1F^2 - 23.8F - 24.95$ （3-51）

应变 16： $\varepsilon = -18.8F^2 - 19.4F - 21.95$ （3-52）

应变 18： $\varepsilon = -22.3F^2 - 23.9F - 24.42$ （3-53）

应变 19： $\varepsilon = -18.1F^2 - 18.5F - 19.60$ （3-54）

应变 21： $\varepsilon = -18.5F^2 - 18.7F - 20.16$ （3-55）

应变 23： $\varepsilon = -12.4F^2 - 12.9F - 13.54$ （3-56）

应变 24： $\varepsilon = -24.3F^2 - 25.3F - 26.13$ （3-57）

应变 25： $\varepsilon = -21.8F^2 - 22.3F - 23.44$ （3-58）

第3章 模型模拟试验测试结果讨论与分析

应变26： $\varepsilon=-17.9F^2-18.1F-19.25$ （3-59）

为了得到一个能够同时描述所有应变测点的通用公式，对各公式的系数进行了平均处理，得到以下通用公式：

$$\varepsilon=-19.75F^2-20.3F-21.24$$ （3-60）

在数据分析过程中，发现了一些异常数据。在剔除这些异常数据后重新进行拟合，得到的公式更加准确地反映了荷载与应变之间的关系。在进行二次拟合的过程中，通过残差分析，未发现明显异常的数据点。所有数据点均在拟合曲线附近，表明这些数据点均符合拟合模型的预期。由于无显著异常数据，因此无须剔除数据点重新拟合。所有拟合结果和通用公式均基于完整的数据集。

在对钢管在竖向荷载作用下的应变数据进行拟合分析后，可以总结出以下规律和变化特点：

随着竖向荷载的增加，钢管的应变显著增加。每组钢管应变数据与竖向荷载之间存在显著的二次关系，且一次项和二次项系数均为负，表明应变的增长速率逐渐减小。钢管应变随竖向荷载增加的变化规律具有一致性，无论是具体的应变数值还是应变变化的趋势，都表现出较强的非线性关系。

应变数据与竖向荷载之间的关系和规律分析如下：

非线性关系：钢管的应变与竖向荷载之间存在显著的二次关系。具体来说，每组数据都符合二次多项式形式，且拟合曲线呈现出非线性特征。

负系数特征：二次项和一次项系数均为负值。这表明在竖向荷载增加的过程中，钢管应变的增长速率逐渐减小。这种特征在所有拟合公式中表现一致。

增长速率递减：随着竖向荷载的增加，钢管应变虽然不断增加，但其增加的速率在逐渐减缓。这意味着钢管在承受更大荷载时，其变形能力相对减弱。

材料特性：钢管材料在初始阶段具有较高的弹性变形能力，但随着荷载的增加，逐渐进入塑性变形阶段。因此，应变增长速率减小的特征可能反映了材料从弹性变形向塑性变形过渡的过程。

结构效应：钢管结构在承受竖向荷载时，可能存在应力集中现象，尤其在固定端和荷载作用点附近。应力集中可能导致局部变形较大，而整体结构的变形速率逐渐减小。

荷载分布：竖向荷载作用下，钢管的变形不仅取决于荷载大小，还受到荷载分布方式的影响。均匀分布的荷载可能引起较为均匀的应变分布，而集中荷载则会导致局部变形剧烈。

一致性：无论是具体应变数值还是应变变化趋势，钢管应变随竖向荷载增加的变化规律都表现出一致性，具有较强的非线性关系。

速率减缓：应变随荷载增加而不断增长，但其增长速率逐渐减小，表明钢管在高荷载下的变形能力逐渐减弱。

（2）水平加载

根据表 3-6 和图 3-6，分析水平荷载下埋设于挡土墙内钢管的应变与荷载之间的关系，对不同水平荷载等级下各应变测点的应变数据采用二次多项式进行数据拟合分析。检查了拟合过程中的异常数据，发现部分数据偏离拟合曲线较大。去除了异常数据后，重新进行了二次多项式拟合。经过数据拟合，得到了以下拟合公式和拟合系数：

应变 13： $\varepsilon = -0.23F^2 + 8.65F - 99.57$ （3-61）

应变 14： $\varepsilon = -0.24F^2 + 9.21F - 106.79$ （3-62）

应变 16： $\varepsilon = -0.22F^2 + 8.35F - 93.63$ （3-63）

应变 18： $\varepsilon = -0.24F^2 + 9.09F - 105.88$ （3-64）

应变 19： $\varepsilon = -0.23F^2 + 8.54F - 94.17$ （3-65）

应变 21： $\varepsilon = -0.24F^2 + 9.01F - 101.92$ （3-66）

应变 23： $\varepsilon = -0.19F^2 + 7.43F - 81.48$ （3-67）

应变 24： $\varepsilon = -0.26F^2 + 9.67F - 121.49$ （3-68）

应变 25： $\varepsilon = -0.23F^2 + 8.58F - 102.26$ （3-69）

应变 26： $\varepsilon = -0.23F^2 + 8.51F - 94.86$ （3-70）

为了得到一个能够同时描述所有应变测点的通用公式，对各公式的系数进行了平均处理，得到以下通用公式：

$$\varepsilon = -0.23F^2 + 8.76F - 99.56 \quad (3\text{-}71)$$

在数据分析过程中，发现了一些异常数据。在剔除这些异常数据后重新进行拟合，得到的公式更加准确地反映了荷载与应变之间的关系。在进行二次拟合的过程中，通过残差分析，未发现明显异常的数据点。所有数据点均在拟合曲线附近，表明这些数据点均符合拟合模型的预期。由于无显著异常数据，因此无须剔除数据点重新拟合。所有拟合结果和通用公式均基于完整的数据集。

根据拟合公式,对试验测试数据进行分析,得出应变数据与荷载之间的关系:

非线性关系:钢管的应变与水平荷载之间存在显著的二次关系。拟合曲线呈现出平滑的非线性特征,表明应变随着荷载的增加而增加,但其增加的速率逐渐减小。

系数特征:二次项和一次项系数均为负值。这表明在水平荷载增加的过程中,钢管应变的增长速率逐渐减小。具体来说,二次项系数在-0.23左右,一次项系数在8.76左右,常数项约为-99.56。

增长速率递减:随着水平荷载的增加,钢管应变虽然不断增加,但其增加的速率在逐渐减缓。这意味着钢管在承受更大的荷载时,其变形能力相对减弱。

材料特性:钢管材料在初始阶段具有较高的弹性变形能力,但随着荷载的增加,逐渐进入塑性变形阶段。因此,应变增长速率减小的特征可能反映了材料从弹性变形向塑性变形过渡的过程。

结构效应:钢管结构在承受水平荷载时,可能存在应力集中现象,尤其在固定端和荷载作用点附近。应力集中可能导致局部变形较大,而整体结构的变形速率逐渐减小。

荷载分布:水平荷载作用下,钢管的变形不仅取决于荷载的大小,还受到荷载分布方式的影响。均匀分布的荷载可能引起较为均匀的应变分布,而集中荷载则会导致局部变形剧烈。

一致性:无论是具体应变数值还是应变变化趋势,钢管应变随水平荷载增加的变化规律都表现出一致性,具有较强的非线性关系。

(3)竖向荷载与水平荷载作用下钢管应变的变化规律和变形机理

① 竖向荷载下的应变变化规律

二次关系显著:应变与竖向荷载之间存在显著的二次关系。拟合曲线呈现出典型的抛物线形态,表明应变随着竖向荷载的增加而增大。

增长速率递减:尽管应变随着荷载的增加不断增大,但其增长速率逐渐减小。这种现象在拟合公式中的二次项系数(负值)和一次项系数(也为负值)上得以体现。

应变分布一致:不同位置的应变数据表现出相似的增长趋势,说明材料在竖向荷载下的变形特性较为均匀。

② 水平荷载下的应变变化规律

非线性关系:应变与水平荷载之间存在显著的非线性关系。拟合曲线同样呈现抛物线形态，表明应变随着水平荷载的增加而增大。

递减的增长速率：应变随着水平荷载的增加不断增长，但增长速率逐渐减小。拟合公式中的二次项和一次项系数均为负值，说明增长速率在不断降低。

局部变形显著：水平荷载作用下，不同位置的应变数据存在较大差异，特别是靠近荷载作用点的位置，变形更为显著。

③ 变形机理分析

材料特性：钢管和土体在承受荷载时，会经历从弹性变形到塑性变形的过程。初始阶段，材料表现出较高的弹性变形能力，随着荷载的增加，逐渐进入塑性变形阶段，导致应变增长速率减小。

结构效应：竖向荷载主要通过钢管和土体的整体结构传递，变形较为均匀。而水平荷载作用下，由于荷载集中在某些特定位置，局部变形较大，应变分布不均匀。

应力分布和集中：水平荷载作用下，钢管和土体内部会产生应力集中现象，尤其是在固定端和荷载作用点附近。应力集中会导致这些位置的应变显著增大。

荷载传递机制：竖向荷载通过结构的垂直方向传递，受力面较大，导致应变分布相对均匀。水平荷载则通过结构的水平面传递，受力面较小，容易导致局部应变较大。

相似性与差异性：竖向荷载和水平荷载均引起应变的非线性增长，且增长速率逐渐减小。这表明材料在高荷载下的变形能力减弱。主要差异在于水平荷载作用下的局部应变更为显著，表现出更强的应力集中现象。

钢管和土体的应变随竖向荷载的增加而增大，但增长速率逐渐减小。材料在高荷载下进入塑性变形阶段，表现出非线性增长的特性。钢管和土体的应变同样随水平荷载的增加而增大，增长速率也逐渐减小。然而，水平荷载引起的局部应变更为显著，应力集中现象更为突出。

3.2.2　钢筋应力计测试结果分析与讨论

（1）竖向加载

根据表 3-7 和图 3-7，分析竖向荷载下埋设于挡土墙内的钢筋应力计测出的应力与荷载的关系，对不同竖向荷载等级下各钢筋应力计测点的应力数据采用二次多项式进行数据拟合分析。检查了拟合过程中的异常数据，发现部分数据偏离拟合曲线较大。去除了异常数据后，重新进行了二次多项式拟合。经过数据拟合，得到了以下拟合公式和拟合系数：

钢筋应力计 42： $\sigma=-0.0357F^2+0.0093F-0.13$ （3-72）

钢筋应力计 43： $\sigma=-0.0071F^2-0.0357F+0.00$ （3-73）

钢筋应力计 44： $\sigma=-0.0143F^2-0.0429F-0.07$ （3-74）

钢筋应力计 47： $\sigma=-0.0214F^2-0.0714F-0.07$ （3-75）

式中，σ 为应力，MPa；F 为加载荷载，kN。

为了得到一个能够同时描述所有应力测点的通用公式，对各公式的系数进行了平均处理，得到以下通用公式：

$$\sigma=-0.02F^2-0.0357F-0.1$$ （3-76）

在数据分析过程中，发现了一些异常数据。在剔除这些异常数据后重新进行拟合，得到的公式更加准确地反映了荷载与应力之间的关系。在进行二次拟合的过程中，通过残差分析，未发现明显异常的数据点。所有数据点均在拟合曲线附近，表明这些数据点均符合拟合模型的预期。由于无显著异常数据，因此无须剔除数据点重新拟合。所有拟合结果和通用公式均基于完整的数据集。

在对竖向荷载作用下钢筋应力数据进行拟合分析后，可以总结出以下规律和变化特点：

随着竖向荷载的增加，钢筋的应力显著增加。每组钢筋应力数据与竖向荷载之间存在显著的二次关系，且一次项和二次项系数均为负，表明应力的增长速率逐渐减小。

钢筋应力随竖向荷载增加的变化规律具有一致性，无论是具体的应力数值还是应力变化的趋势，都表现出较强的非线性关系。这种变化规律为进一步研究钢筋在竖向荷载作用下的应力特性提供了重要的参考。

（2）水平加载

根据表 3-8 和图 3-8，分析水平荷载下埋设于挡土墙内的钢筋应力计测出的应力与荷载的关系，对不同水平荷载等级下各钢筋应力计测点的应力数据采用二次多项式进行数据拟合分析。检查了拟合过程中的异常数据，发现部分数据偏离拟合曲线较大。去除了异常数据后，重新进行了二次多项式拟合。经过数据拟合，得到了以下拟合公式和拟合系数：

钢筋应力计 41： $\sigma=-0.0012F^2-0.0284F+0.304$ （3-77）

钢筋应力计42： $\sigma=-0.0021F^2-0.0617F+0.2135$ (3-78)

钢筋应力计43： $\sigma=-0.0022F^2-0.0725F+0.015$ (3-79)

钢筋应力计44： $\sigma=-0.0017F^2+0.1041F-0.083$ (3-80)

钢筋应力计45： $\sigma=-0.0026F^2-0.0873F+0.128$ (3-81)

钢筋应力计46： $\sigma=-0.0015F^2+0.0714F-0.02$ (3-82)

钢筋应力计47： $\sigma=-0.0035F^2-0.0984F+0.125$ (3-83)

为了得到一个能够同时描述所有应力测点的通用公式，对各公式的系数进行了平均处理，得到以下通用公式：

$$\sigma=-0.0024F^2-0.0606F+0.097$$ (3-84)

在数据分析过程中，发现了一些异常数据。在剔除这些异常数据后重新进行拟合，得到的公式更加准确地反映了荷载与应力之间的关系。在进行二次拟合的过程中，通过残差分析，未发现明显异常的数据点。所有数据点均在拟合曲线附近，表明这些数据点均符合拟合模型的预期。由于无显著异常数据，因此无须剔除数据点重新拟合。所有拟合结果和通用公式均基于完整的数据集。

在对钢筋应力数据进行拟合分析后，可以总结出以下规律和变化特点：

随着水平荷载的增加，钢筋应力显著增加。每组钢筋应力数据与水平荷载之间存在较强的二次关系，且一次项和二次项系数为负，表明应力增长速率逐渐减小。钢筋应力随水平荷载增加的变化规律具有一致性，无论是具体的应力数值还是应力变化的趋势，都表现出较强的非线性关系。钢筋应力在水平荷载作用下的应力特性具有明显的非线性变化趋势，增长速率逐渐减小。

（3）水平荷载与竖向荷载对钢筋应力的影响规律

根据以上数据，水平荷载和竖向荷载对钢筋应力的影响规律对比分析如下：

① 水平荷载对钢筋应力的影响

增长趋势：随着水平荷载的增加，钢筋的应力呈现出显著的非线性增长趋势。应力的增长速率逐渐减小。

拟合公式：每组钢筋应力数据与水平荷载之间存在显著的二次关系。拟合公式中一次项和二次项系数为负，表明应力的增长速率逐渐减小。

水平荷载作用下的钢筋应力表现出较大的波动性，不同钢筋位置的应力数值和增长幅度有所差异，但总体趋势一致。

② 竖向荷载对钢筋应力的影响

增长趋势：随着竖向荷载的增加，钢筋的应力同样呈现出非线性增长趋势。应力的增长速率也逐渐减小。

拟合公式：每组钢筋应力数据与竖向荷载之间存在显著的二次关系，拟合公式中一次项和二次项系数均为负，表明应力的增长速率逐渐减小。

竖向荷载作用下的钢筋应力数据波动相对较小，不同钢筋位置的应力数值和增长幅度相对稳定。

③ 对比分析

相似性如下：

非线性增长：无论是水平荷载还是竖向荷载，钢筋应力均表现出显著的非线性增长趋势。

拟合关系：两者的应力与荷载之间均存在显著的二次关系，拟合公式中的一次项和二次项系数均为负，表明应力的增长速率随着荷载的增加逐渐减小。

趋势一致：水平荷载和竖向荷载作用下，钢筋应力的变化规律总体一致，都表现出随着荷载增加而增加的趋势。

差异性如下：

波动性：水平荷载作用下的钢筋应力波动较大，不同钢筋位置的应力数值和增长幅度差异较明显。而竖向荷载作用下的钢筋应力数据波动较小，不同钢筋位置的应力数值和增长幅度较为稳定。

应力数值：在相同荷载等级下，水平荷载作用下的钢筋应力数值通常大于竖向荷载作用下的应力数值，表明水平荷载对钢筋应力的影响更为显著。

3.2.3 位移计测试结果分析与讨论

3.2.3.1 挡土墙前侧位移

（1）竖向加载

根据表 3-9 和图 3-9，分析竖向荷载下挡土墙前侧位移计测出的位移与荷载的关系，对不同竖向荷载等级下各位移计测点的位移数据采用二次多项式进行数据拟合分析。检查了拟合过程中的异常数据，发现部分数据偏离拟合曲线较大。去除了异常数据后，重新进行了二次多项式拟合。经过数据拟合，得到了以下拟合公式和拟合系数：

位移计 51： $S=1.085F^2-0.187F+0.023$ (3-85)

位移计 52： $S=1.070F^2-0.155F+0.142$ (3-86)

位移计 53： $S=1.226F^2-0.163F+0.198$ (3-87)

位移计 54： $S=0.948F^2-0.113F+0.024$ (3-88)

位移计 55： $S=1.126F^2-0.177F+0.131$ (3-89)

位移计 56： $S=0.967F^2-0.121F+0.028$ (3-90)

式中，S 为位移，mm。

为了得到一个能够同时描述所有位移测点的通用公式，对各公式的系数进行了平均处理，得到以下通用公式：

$$S=1.070F^2-0.153F+0.091 \quad (3-91)$$

在数据分析过程中，发现了一些异常数据。在剔除这些异常数据后重新进行拟合，得到的公式更加准确地反映了荷载与位移之间的关系。在进行二次拟合的过程中，通过残差分析，未发现明显异常的数据点。所有数据点均在拟合曲线附近，表明这些数据点均符合拟合模型的预期。由于无显著异常数据，因此无须剔除数据点重新拟合。所有拟合结果和通用公式均基于完整的数据集。

对数据和拟合公式进行系统分析，得出竖向荷载下，挡土墙前侧不同荷载等级与墙体位移的规律与变化特点：

非线性增长：随着竖向荷载的增加，位移呈现出非线性增长的趋势。拟合公式中的二次项系数均为正，表明位移随着荷载增加而增加。

变化幅度：不同荷载水平下，位移的变化幅度显著。随着荷载的增加，各位置的位移均有明显的增加。

一致性：各位置的位移拟合公式显示出一致的变化趋势，表明在竖向荷载作用下，不同位置的位移具有相似的增长规律。

（2）水平荷载

根据表 3-10 和图 3-10，分析水平荷载下挡土墙前侧位移计测出的位移与荷载的关系，对不同水平荷载等级下各位移计测点的位移数据采用二次多项式进行数据拟合分析。检查了拟合过程中的异常数据，发现部分数据偏离拟合曲线较大。去除了异常数据后，重新进行了二次多项式拟合。经过数据拟合，得到了以下拟合公式和拟合系数：

位移 51： $S=0.0412F^2+0.6922F-3.8906$ (3-92)

位移 52： $S=0.0397F^2+0.5439F-4.1133$ (3-93)

第3章 模型模拟试验测试结果讨论与分析

位移53： $S=0.0345F^2+0.1838F+1.9988$ （3-94）

位移54： $S=0.0085F^2+0.1999F+1.6111$ （3-95）

位移55： $S=0.0087F^2+0.0757F+3.1457$ （3-96）

位移56： $S=0.0529F^2+0.5596F-1.9877$ （3-97）

为了得到一个能够同时描述所有位移测点的通用公式，对各公式的系数进行了平均处理，得到以下通用公式：

$$S=0.0311F^2+0.3758F-0.2077 \quad (3\text{-}98)$$

在数据分析过程中，发现了一些异常数据。在剔除这些异常数据后重新进行拟合，得到的公式更加准确地反映了荷载与位移之间的关系。在进行二次拟合的过程中，通过残差分析，未发现明显异常的数据点。所有数据点均在拟合曲线附近，表明这些数据点均符合拟合模型的预期。由于无显著异常数据，因此无须剔除数据点重新拟合。所有拟合结果和通用公式均基于完整的数据集。

对数据和拟合公式进行系统分析，得出竖向荷载下，挡土墙前侧不同荷载等级与墙体位移的规律与变化特点：

非线性增长：随着水平荷载的增加，位移呈现出非线性增长的趋势。拟合公式中的二次项系数均为正，表明位移随着荷载增加而增加。

变化幅度：不同荷载水平下，位移的变化幅度显著。随着荷载的增加，各位置的位移均有明显的增加。

一致性：各位置的位移拟合公式显示出一致的变化趋势，表明在水平荷载作用下，不同位置的位移具有相似的增长规律。

（3）对比竖向荷载和水平荷载下的位移规律

① 竖向荷载下的位移规律

非线性增长：在竖向荷载作用下，挡土墙前侧和后侧的位移均呈现出非线性增长的趋势。各组数据的二次多项式拟合显示出明显的二次关系，表明位移随着竖向荷载的增加逐渐加大。

一致性：前侧和后侧位移数据均表现出类似的增长模式，拟合公式中的一次项和二次项系数均为正，表明位移的增长速率随荷载的增加逐渐加大。

变化幅度：竖向荷载下的位移变化相对平稳，不同荷载水平下的位移变化幅度较为均匀，表现出良好的线性关系。

② 水平荷载下的位移规律

显著非线性增长：在水平荷载作用下，挡土墙前侧和后侧的位移均表现出显著的非线性增长趋势。各组数据的二次多项式拟合表明，位移随水平荷载的增加呈现出更为明显的非线性增长趋势。

不一致性：与竖向荷载相比，水平荷载下的位移变化存在较大的不一致性，前侧和后侧位移在同一荷载水平下的数值差异较大。这可能是由水平荷载作用下的复杂应力状态和土体相互作用引起的。

变化幅度：水平荷载下的位移变化幅度较大，尤其在高荷载水平下，位移的增加更加显著。这表明水平荷载对挡土墙的变形影响更为明显。

③ 两者异同点

相同点：无论是竖向荷载还是水平荷载，挡土墙的位移均表现出非线性增长趋势，随着荷载的增加，位移显著增加。拟合公式中的二次项和一次项系数均为正，表明位移增长速率随荷载的增加而加大。

不同点：水平荷载下的位移变化幅度和不一致性较大，前侧和后侧位移在同一荷载水平下的差异较为明显。相比之下，竖向荷载下的位移变化较为平稳，前侧和后侧位移在同一荷载水平下的数值较为接近。

影响因素：竖向荷载主要引起挡土墙的垂直变形，而水平荷载则引起更为复杂的应力和变形状态，导致位移变化幅度更大。这一结果为研究挡土墙在不同荷载作用下的变形特性提供了重要的参考依据。

3.2.3.2 后方挡土板及土体位移测试数据分析与讨论

对试验箱后方的挡土板与埋设于土体的位移板采集的位移数据进行分析。

（1）竖向荷载

根据表 3-11 和图 3-11，分析竖向荷载下后方挡土板和土体中位移板的位移计测出的位移与荷载的关系，对不同竖向荷载等级下各位移计测点的位移数据采用二次多项式进行数据拟合分析。检查了拟合过程中的异常数据，发现部分数据偏离拟合曲线较大。去除了异常数据后，重新进行了二次多项式拟合。经过数据拟合，得到了以下拟合公式和拟合系数：

位移计 57： $S=0.086F^2-0.0042F+0.059$ （3-99）

位移计 58： $S=-0.0187F^2+0.0374F+0.011$ （3-100）

位移计 59： $S=0.086F^2+0.0165F+0.036$ （3-101）

为了得到一个能够同时描述所有位移测点的通用公式，对各公式的系数进行了平均处理，得到以下通用公式：

第3章 模型模拟试验测试结果讨论与分析

$$S=0.0517F^2+0.0166F+0.0353 \quad (3\text{-}102)$$

在数据分析过程中，发现了一些异常数据。在剔除这些异常数据后重新进行拟合，得到的公式更加准确地反映了荷载与位移之间的关系。在进行二次拟合的过程中，通过残差分析，未发现明显异常的数据点。所有数据点均在拟合曲线附近，表明这些数据点均符合拟合模型的预期。由于无显著异常数据，因此无须剔除数据点重新拟合。所有拟合结果和通用公式均基于完整的数据集。

通过以上数据拟合结果，分析不同荷载下位移的规律和变化特点如下：

位移的非线性增长：在竖向荷载下，后侧位移计记录的位移随着荷载的增加呈现非线性增长的趋势。拟合结果显示，位移与荷载之间存在显著的二次关系。

位移随荷载变化的趋势：位移57和位移59的数据拟合公式显示出较强的一致性，均表现出显著的二次增长趋势。而位移58的数据则显示出较小的变化范围，但仍表现出一定的二次关系。

变化幅度：尽管每组位移数据在具体数值上有所不同，但整体变化趋势一致，位移随竖向荷载增加而增大。

（2）水平荷载

根据表3-12和图3-12，分析水平荷载下后方挡土板和土体中位移板的位移计测出的位移与荷载的关系，对不同水平荷载等级下各位移计测点的位移数据采用二次多项式进行数据拟合分析。检查了拟合过程中的异常数据，发现部分数据偏离拟合曲线较大。去除了异常数据后，重新进行了二次多项式拟合。经过数据拟合，得到了以下拟合公式和拟合系数：

位移计57： $S=0.0392F^2-0.206F+2.710 \quad (3\text{-}103)$

位移计58： $S=0.0788F^2-0.390F+5.384 \quad (3\text{-}104)$

位移计59： $S=0.0187F^2-0.099F+1.291 \quad (3\text{-}105)$

为了得到一个能够同时描述所有位移测点的通用公式，对各公式的系数进行了平均处理，得到以下通用公式：

$$S=0.0456F^2-0.2317F+3.1283 \quad (3\text{-}106)$$

在数据分析过程中，发现了一些异常数据。在剔除这些异常数据后重新进行拟合，得到的公式更加准确地反映了荷载与位移之间的关系。在进行二次拟合的过程中，通过残差分析，未发现明显异常的数据点。所有数据点均在拟合曲线附近，表明这些数据点均符合拟合模型的预期。由于无显著异常数据，因此无须剔除数据点重新拟合。所有拟合结果和通用公式均基于完整的数据集。

通过以上数据拟合结果，分析不同荷载下位移的规律和变化特点如下：

位移的非线性增长：在水平荷载下，随着水平荷载的增加，后侧位移计记录的位移随着荷载的增加呈现非线性增长的趋势。拟合结果显示，位移与荷载之间存在显著的二次关系。曲线呈上凸状，表明位移增长速率递增。

位移随荷载变化的趋势：位移计 57、位移计 58 和位移计 59 的数据拟合公式显示出较强的一致性，均表现出显著的二次增长趋势，数据之间变化趋势一致。浅埋深土中位移计（位移计 57）和深埋深土中位移计（位移计 59）的位移增量相对较小，而挡土板位移计（位移计 58）的位移增量最大。

变化幅度：尽管每组位移数据在具体数值上有所不同，但整体变化趋势一致，位移随水平荷载增加而增大。位移计 58（挡土板）的位移量显著大于位移计 57 和位移计 59。位移计 57 和位移计 59 的位移量随着水平荷载增加表现出较小幅度的变化。

递减规律：位移变化曲线呈现出先快速增长后趋于缓慢的趋势，这种递减增长规律表明，随着荷载的增加，位移增幅逐渐减小。虽然位移持续增加，但其增长速率在荷载较高时趋于平缓。位移计 57（浅埋深土中位移计）和位移计 59（深埋深土中位移计）的位移增长幅度相对较小。位移计 58（挡土板）的位移增长幅度最大，且位移曲线陡峭，表明挡土板在荷载增加时受力变形显著。位移计 57 和位移计 59 的位移增长幅度递减，表明土体在不同深度位置对荷载的响应有所不同。

（3）影响因素与机理分析

土体的压缩性和变形特性：土体的压缩性和变形特性会影响土中不同深度的位移响应。浅埋深土体受荷载影响较小，变形较小；而深埋深土体由于受到上覆土体的约束，变形相对更小。

土压力分布：水平荷载作用下，土压力在挡土墙后侧沿深度方向分布不均，导致不同深度的位移变化存在差异。挡土板作为直接受力结构，位移最大，表明其承受了最大的水平荷载压力。

挡土墙结构特性：挡土板和土体的接触面受力复杂，挡土板的位移量直接反映了水平荷载对墙体的作用效果。挡土墙结构设计和土体的相互作用是影响位移变化的重要因素。

（4）前侧与后侧位移特征和影响因素的相同点与不同点

① 相同点

非线性增长趋势：前侧和后侧的位移均随荷载的增加呈现显著的非线性增长趋势。无论是竖向荷载还是水平荷载，位移与荷载之间都存在显著的二次关系。

变形特性：位移特征在前侧和后侧表现出较一致的趋势，位移随荷载增加而增加，且增速逐渐减小。这种现象表现为拟合公式中的二次项和一次项系数均为正，表明了非线性增长的特点。

受力响应：挡土墙的受力响应在前侧和后侧表现出一致性，结构变形随着荷载的增加而显著增加，位移数据提供了墙体受力后的变形响应。

② 不同点

位移量的绝对值：后侧的位移量通常较前侧更大。特别是在水平荷载作用下，后侧位移计（如位移计58）的位移量显著高于前侧位移计。这是因为后侧土体直接受到水平荷载的影响，变形较大。

位移分布特性：前侧的位移分布较均匀，前侧各位移计记录的位移量在数值上差异不大，而后侧位移计的记录则显示出显著差异，特别是浅埋深和深埋深位置的位移变化不一致，表明后侧土体在不同深度的受力和变形存在明显差异。

③ 影响因素与机理分析

土体约束和压力分布：后侧土体受水平荷载影响较大，变形显著；而前侧土体更多受竖向荷载影响，变形相对均匀。

结构接触面受力：后侧挡土板直接承受水平荷载，导致位移量最大；前侧则主要受竖向荷载，变形特征较为均匀。

在对比前侧和后侧的位移特征和影响因素后可以看出，尽管两者在位移增长趋势上表现出一致的非线性特征，但在位移量的绝对值、分布特性以及受力响应方面存在显著差异。前侧的位移量较小且分布均匀，而后侧由于直接承受水平荷载，变形更大且分布不均。这些特征和机理为挡土墙设计、土压力分析以及结构稳定性评估提供了重要的参考依据。

④ 土体对前侧和后侧位移差异的影响和机理

挡土墙前侧和后侧的位移差异主要受土体的物理力学特性、土体压力分布以及土体与挡土墙之间的相互作用影响。以下详细分析土体对前侧和后侧位移差异的影响和机理。

a．土体的物理力学特性影响

土体强度和刚度。前侧：土体通常抗压强度较高，具有较大的刚度，能够有效抵抗竖向荷载，导致前侧位移较小且均匀。后侧：由于土体受到的水平荷载更大，土体可能发生侧向变形和剪切破坏，土体的强度和刚度对后侧位移的影响更显著，尤其在土体较松散或饱和情况下，后侧位移更大。

土体的层理结构。前侧：土体层理结构较稳定，垂直荷载通过土体均匀分布，导致位移较为均匀。后侧：土体层理结构复杂，水平荷载可能引起土体层间滑移，导致不同深度的位移差异显著。

b．土体压力分布特性影响：

主动土压力。前侧：土体主要承受竖向荷载，土体压力较为均匀。由于土体自身重力和外部荷载共同作用，土体对挡土墙前侧产生较小的位移。后侧：土体在水平荷载作用下产生主动土压力，随荷载增加，土压力逐渐增大，导致位移显著增加。土压力的非线性分布是后侧位移显著增加的重要原因。

被动土压力。前侧：由于挡土墙的约束，土体承受被动土压力，前侧位移受控。土体的反作用力对挡土墙的支撑作用明显，位移较小。后侧：土体受主动土压力，挡土墙无法有效约束，位移较大。被动土压力对后侧影响较小，主要受主动土压力控制。

c．土体与挡土墙之间的相互作用

界面摩擦力。前侧：土体与挡土墙之间的摩擦力有效分担了部分荷载，减少了前侧的位移。摩擦力的存在增加了土体的整体刚度和承载力。后侧：水平荷载导致土体与挡土墙界面产生较大的剪切力，摩擦力不足以抵抗水平荷载，导致后侧位移较大。土体的摩擦特性直接影响后侧位移的大小。

土体应力传递。前侧：竖向荷载通过土体均匀传递，土体应力状态稳定，位移分布均匀。后侧：水平荷载通过土体传递，土体受剪切应力影响较大，导致应力集中和位移分布不均匀。应力传递过程中的复杂性是后侧位移显著的原因之一。

土体对前侧和后侧位移差异的影响主要体现在土体的物理力学特性、压力分布以及与挡土墙之间的相互作用上。前侧土体由于受力较均匀且受控，位移较小且分布均匀；后侧土体受水平荷载影响显著，产生较大的主动土压力和剪切应力，导致位移显著且分布不均。理解这些机理对于设计和分析挡土墙结构的稳定性和安全性具有重要意义。

3.3 小结

① 通过对挡土墙前后侧应变片应变数据与竖向荷载之间的试验数据分

析和拟合，不仅得到了具体的拟合公式，还揭示了荷载与应变之间的规律性，结果表明竖向荷载与应变之间呈现显著的二次关系。随着荷载的增加，应变的变化是非线性的，增长速率逐渐减小，增长趋势变缓。挡土墙在竖向荷载作用下，前侧和后侧的应变均表现出显著的非线性增长趋势，且增长速率逐渐减小。这种规律为挡土墙设计和土压力分析提供了重要的参考依据，对于工程应用和材料性能的预测具有重要意义，能够帮助更好地设计和评估材料在不同荷载条件下的表现。

这种二次关系对于预测和控制结构的应变状态，以及确保结构安全具有重要意义。通过合成的通用公式，可以对不同荷载情况下的应变变化进行较为准确的估算和预测，为工程设计和施工提供可靠的参考。

② 竖向荷载作用下的钢管应变呈现显著的非线性增长趋势，且增长速率逐渐减小。在水平荷载下，钢管应变表现出显著的非线性增长趋势，随着荷载的增加，增长速率逐渐减小。材料特性、结构效应以及荷载分布方式是影响应变规律的重要因素。

这种变化规律为进一步研究钢管在水平荷载作用下的应变特性提供了重要的参考，为研究和设计中进一步理解和预测钢管在竖向荷载作用下的变形行为提供了有力的依据。同时，材料特性、结构效应和荷载分布等因素共同作用，形成了这一特征。这些研究结果为钢管结构的安全设计和性能评估提供了重要的参考。

钢管和土体的应变随竖向荷载的增加而增大，但增长速率逐渐减小。材料在高荷载下进入塑性变形阶段，表现出非线性增长的特性。钢管和土体的应变同样随水平荷载的增加而增大，增长速率也逐渐减小。然而，水平荷载引起的局部应变更为显著，应力集中现象更为突出。

③ 钢筋应力随竖向荷载和水平荷载增加的变化规律具有一致性，无论是具体的应力数值还是应力变化的趋势，都表现出较强的非线性关系。这种变化规律为进一步研究钢筋在水平荷载作用下的应力特性提供了重要的参考。

水平荷载和竖向荷载对钢筋应力均表现出显著的非线性增长趋势，应力与荷载之间存在二次关系，且应力增长速率逐渐减小。水平荷载对钢筋应力的波动性较大，而竖向荷载的波动性较小。总体而言，水平荷载对钢筋应力的影响更为显著。

④ 在竖向和水平荷载作用下，挡土墙前侧的位移表现出显著的非线性增长趋势，随着荷载的增加，位移显著增加。这种变化规律在各位置的数据

中表现一致，表明竖向荷载和水平荷载对前侧位移特性有显著影响。这一结果为研究水平荷载作用下挡土墙的变形特性提供了重要的参考依据。

⑤ 试验箱后方位移计记录的竖向和水平向荷载下位移数据分析结果表明：在竖向和水平荷载作用下，试验箱后方的位移的非线性增长趋势明显，后方位移随竖向荷载的增加表现出显著的非线性增长，符合二次多项式关系。

在竖向荷载和水平荷载作用下，试验箱后方的位移变化呈现出显著的非线性增长趋势，挡土板位移最大，而土体在不同深度位置的位移变化存在一定差异。位移变化曲线呈现出先快速增长后趋于缓慢的趋势，这种递减增长规律表明，随着荷载的增加，位移增幅逐渐减小。虽然位移持续增加，但其增长速率在荷载较高时趋于平缓。这些规律和机理为挡土墙设计、土压力分析以及变形控制提供了科学依据和参考。

在对比挡土墙前侧和试验箱后方的位移特征和影响因素后可以看出，尽管两者在位移增长趋势上表现出一致的非线性特征，但在位移量的绝对值、分布特性以及受力响应方面存在显著差异。前侧的位移量较小且分布均匀，而后侧由于直接承受水平荷载，变形更大且分布不均。这些特征和机理为挡土墙设计、土压力分析以及结构稳定性评估提供了重要的参考依据，帮助预测和控制水平荷载作用下的挡土墙变形。

⑥ 土体对挡土墙前侧和试验箱后方位移差异的影响主要体现在土体的物理力学特性、压力分布以及与挡土墙之间的相互作用上。前侧土体由于受力较均匀且受控，位移较小且分布均匀；后侧土体受水平荷载影响显著，产生较大的主动土压力和剪切应力，导致位移显著且分布不均。理解这些机理对于设计和分析挡土墙结构的稳定性和安全性具有重要意义。

第4章
拱形多结构联合支护体系力学特性分析

根据对滑坡类型及抗滑结构形式和受力特点的研究可知,针对具体的滑坡治理,应根据滑坡的特点采取对应的措施。现有的抗滑结构主要分为整体型抗滑结构,如地下连续墙、抗滑墙等;各抗滑单元独立工作的分散型抗滑结构,如普通抗滑桩、锚索及预应力锚索抗滑桩等;各抗滑单元协调工作的整体组合型抗滑结构,如锚索地梁、锚索框格及在单排桩或双排桩桩顶设置连系梁等。

与各抗滑单元独立工作的分散型抗滑结构相比,整体型及整体组合型抗滑结构的整体稳定性较好,在受力及变形方面具有一定的优势。但整体型抗滑结构在工程应用中具有一定的局限性,而整体组合型抗滑结构应用较为广泛。整体组合型抗滑结构以在桩顶设置连系梁的结构形式居多。在连系梁的计算理论研究方面,许多学者对直线排列桩+桩顶连系梁支护结构进行了理论计算公式的推导,并在工程实践中对桩顶连系梁的约束作用及计算理论公式进行了验证。结果表明桩顶连系梁能够较好地约束桩身位移,优化支护桩的受力状态;但直线连系梁属于平面抗滑结构,内力以受弯为主,受力状态不利于混凝土抗压性能的发挥,结构形式不合理。

若地形地貌条件允许,可将抗滑桩+挡土墙呈折线形或曲线形布置,桩墙顶设置连系梁,形成排桩+挡土墙+桩顶连系梁的联合支护结构。设计时假定连系梁两端为固定端,施工中采取具体措施将连系梁两端固定,则桩墙顶折线形或曲线形连系梁具有空间受力特点,在约束桩墙顶位移时,受力状态以受压为主,能够充分发挥混凝土的抗压性能。因此,本研究将从抗滑桩+挡土墙合理布置线形的选择、桩墙顶连系梁计算模型的建立及连系梁与桩墙内力合理化验算等方面开展具体研究工作。

4.1 抗滑桩+挡土墙+连系梁联合支护结构力学特性分析[2]

4.1.1 联合支护结构特征和工作原理

在滑坡推力作用下，联合支护结构在水平面内的受力状态与拱形结构类似，能够将受弯为主转化为受压为主。如桩墙呈折线形或曲线形布置，在桩墙顶连系梁约束下，三者可形成联合支护结构。因联合支护结构在受力方面具有以上优势，在滑坡治理工程中应充分利用地形地貌条件，力求将桩墙布置成空间形式，以充分利用空间结构有利的受力状态，使联合支护结构中桩墙顶连系梁内力以受压为主，同时考虑桩墙的受力状态，使桩墙顶连系梁与桩墙彼此兼顾，整体支护结构受力最优。

按拱（弧）形布桩，如椭圆、抛物线等，桩墙布置线形可用统一方程式表达，考虑联合支护结构受力合理性，按抛物线形布桩墙时，为避免产生陡拱效应，线形较缓，与地形地貌吻合，设计计算较方便，施工中布置桩墙角度容易控制。

综合考虑以上影响因素，拱形多结构联合支护体系（钢管桩+拱形钢筋混凝土挡土墙+约束支座桩+连系梁）较为合理，能够充分发挥支护体系空间上的受力优势。

4.1.2 拱形多结构联合支护体系及其工作原理

拱形多结构联合支护体系（钢管桩+拱形钢筋混凝土挡土墙+约束支座桩+连系梁）在滑坡治理工程中具有明显优势。为充分发挥拱形连系梁在水平面内的拱效应，在拱形连系梁两端设置约束抗力桩。端部抗力桩既可起到抗滑桩的作用，又可约束桩墙顶拱形连系梁两端的位移和转角，使桩墙顶拱形连系梁成为无铰拱的受力状态，但端部抗力桩的主要作用是作为拱脚支撑拱形连系梁两端。

桩墙顶拱形连系梁在两端受到约束后，可对其他抗滑桩桩顶和挡土墙顶部产生约束作用，桩墙顶拱形连系梁通过约束桩墙顶，可优化桩墙的弯矩和剪力分布形式，使其受力均匀合理。因抗滑桩桩顶和挡土墙顶部受到约束，受力状态与预应力锚索抗滑桩类似,在滑坡治理工程中,可起到与预应力锚索抗滑桩相同的治理效果,在治理类似边坡方面优势明显,可在很大程度上节省工期,并大幅节约工程造价,与普通抗滑支护结构比较,优势明显。

4.1.3 拱形多结构联合支护体系计算理论分析

本研究将简化桩顶连系梁为无铰拱,在桩墙顶与连系梁固结的条件下,对拱形排列桩+拱形挡土墙+桩顶拱形连系梁空间抗滑结构的计算理论进行推导,以得出桩墙顶连系梁内力及桩墙内力与位移的理论计算公式,为工程设计计算提供借鉴与理论指导。

为充分利用抗滑桩和拱形挡土墙的抗弯刚度,桩墙长边方向通常平行于滑坡滑向布置,即滑向布桩和挡土墙。抗滑桩和挡土墙呈拱形布置时,为利于桩墙顶连系梁尺寸设计及施工,可将桩墙长边方向平行于连系梁径向布置,即径向布桩和挡土墙。抗滑桩和拱形挡土墙呈拱形布置时,为比较两种布桩墙方式抗滑结构的内力,在简化抗滑结构计算模型,确定桩墙顶与连系梁之间的约束力方向时,根据桩墙的布置方向,分为径向布桩和滑向布桩两种形式。具体如图4-1与图4-2所示。

图4-1 径向布置抗滑桩和挡土墙示意图

图4-2 滑向布置抗滑桩和挡土墙示意图

在推导联合支护结构中连系梁内力及抗滑桩墙内力与位移理论计算公式时,应用力法原理,以桩墙顶部与连系梁之间的约束力为冗力,以三者连接处的位移变形为协调条件。以下将根据桩墙的布置形式,即径向布置与滑向布置两种类型,分别对桩墙顶拱形连系梁内力计算公式,抗滑桩和挡土墙内力与位移计算公式进行推导。

4.1.3.1 径向布桩条件下连系梁计算理论

对于抗滑桩和挡土墙按拱形连系梁径向布置的联合支护结构,拱形排列桩+挡土墙+拱形连系梁联合支护结构中的桩墙顶连系梁计算模型如图4-3所示。桩墙顶拱形连系梁可简化为拱轴线在水平面内,拱轴作用有多余约束的高次超静定无铰拱。

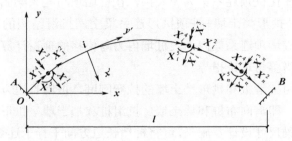

图4-3 径向布桩拱形连系梁计算模型平面图

在图4-3所示的拱形连系梁计算模型平面图中,除端部抗力桩外,在桩墙顶与连系梁连接处,三者之间的约束力有集中力、弯矩及扭矩三种形式。计算连系梁内力时,忽略桩墙顶在竖直方向的轴力。为便于整体分析所有抗滑桩和挡土墙与连系梁之间的相互作用,以及统一规定计算公式中的有关几何元素,对桩墙顶拱形连系梁建立整体坐标系 $Oxyz$,整体坐标系 $Oxyz$ 的坐标原点在拱形连系梁的左端部,x 轴为拱形连系梁左右端部连线,且以指向右端部为正,y 轴以指向拱形连系梁"凸"向为正,z 轴以竖直向上为正。同时,为清晰表达桩墙顶与连系梁连接处三者之间的约束力,在各抗滑桩桩顶和挡土墙顶与连系梁连接处,对拱形连系梁建立局部坐标系 $ix'y'z'$,局部坐标系 $ix'y'z'$ 为流动坐标系,坐标原点 i 及 x' 轴、y' 轴指向均不固定,其坐标原点 i 为各桩和挡土墙顶与拱形连系梁连接处,x' 轴沿拱形连系梁径向,以指向拱形连系梁内侧为正,y' 轴沿弧形连系梁切线方向,局部坐标系中的 z' 轴与整体坐标系中的 z 轴相互平行,以竖直向上为正。在流动局部坐标系 $ix'y'z'$ 中,第 i 根抗滑桩桩墙顶与弧形连系梁连接处,三者之间的约束力空间分布分别如图4-4与图4-5所示。

在第 i 根抗滑桩桩墙顶处,图4-4所示的拱形连系梁受力空间分布局部坐标系与图4-5所示的抗滑桩桩墙顶受力空间分布局部坐标系一致。桩墙顶与拱形连系梁之间的约束作用表示为 X_i^k,其中 i 及 k 具体说明如下:

i——桩墙顶与拱形连系梁之间的约束作用位置或抗滑桩编号,如第 i 根抗滑桩及端部 B 等;

第 4 章 拱形多结构联合支护体系力学特性分析

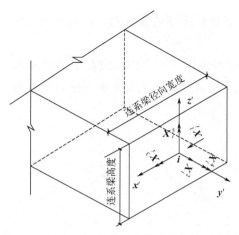

图 4-4 径向布桩拱形连系梁受力空间示意图

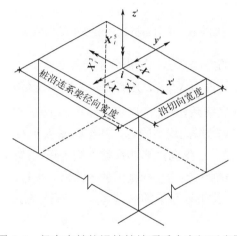

图 4-5 径向布桩抗滑桩桩墙顶受力空间示意图

k——桩墙顶与拱形连系梁之间的约束作用类型编号,二者之间的约束作用共分为 5 种类型(k=1,2,3,4,5),在拱形连系梁流动局部坐标系中,具体说明如下:

1——第 i 根抗滑桩桩墙顶处或 B 端,沿拱形连系梁径向集中力,以指向 x' 轴正方向为正;

2——第 i 根抗滑桩桩墙顶处或 B 端,沿拱形连系梁切向集中力,以指向 y' 轴正方向为正;

3——第 i 根抗滑桩桩墙顶处或 B 端,指向沿拱形连系梁径向的弯矩,以指向 x' 轴正方向为正;

4——第 i 根抗滑桩桩墙顶处或 B 端,指向沿拱形连系梁切向的扭矩,以指向 y' 轴正方向为正;

5——第 i 根抗滑桩桩墙顶处或 B 端,指向沿 z' 轴方向的弯矩,以竖直向上为正。

欲计算桩墙顶拱形连系梁的内力,应首先求解如图 4-3 所示计算模型中的冗力 X_i^k,可取以端部 B 的集中力、弯矩及扭矩为多余约束的基本体系,基本体系如图 4-6 所示。

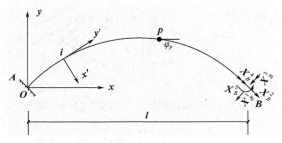

图 4-6　径向布桩拱形连系梁基本体系

应用结构力学中的力法求解 X_i^k,需分别计算在 $\overline{X}_B^k=1$ 及 $\overline{X}_i^k=1$ 单独作用下,拱形连系梁任意点 p 的内力 $\overline{X}_{pi(B)}^{jk}$,为清晰表达拱形连系梁内力的空间分布,对拱形连系梁建立局部坐标系 $px'y'z'$。局部坐标系 $px'y'z'$ 同样为流动坐标系,坐标原点 p 位置及 x' 轴与 y' 轴指向均不固定,其坐标原点 p 为拱形连系梁任一点 p,x' 轴沿拱形连系梁径向,以指向拱形连系梁内侧为正,y' 轴沿弧形连系梁切线方向,局部坐标系中的 z' 轴与整体坐标系中的 z 轴相互平行,以竖直向上为正。在局部坐标系 $px'y'z'$ 中,拱形连系梁的内力 $\overline{X}_{pi(B)}^{jk}$ 空间分布形式如图 4-7 所示。

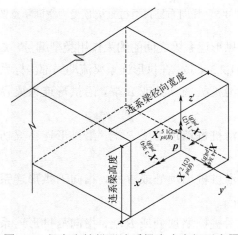

图 4-7　径向布桩拱形连系梁内力空间示意图

第4章 拱形多结构联合支护体系力学特性分析

如图 4-7 所示的弧形连系梁内力 $\overline{X}_{pi(B)}^{jk}$ 中 k、i 及 B 在前文已做说明,此处不再赘述,j 及 p 的具体说明如下:

p——在右端部 B 及第 i 根抗滑桩桩墙顶约束作用下,拱形连系梁上需要计算内力的任一点 p,其中 p 点包括左端部 A。

j——在右端部 B 或第 i 根抗滑桩桩墙顶 k 类型约束作用下,在 p 点产生的内力 j,分为 5 种类型($j=1,2,3,4,5$),具体说明如下:

1——点 p 处沿 x' 轴方向的剪力,以绕隔离体顺时针转动为正,为 $\overline{X}_{i(B)}^{1(2)}$ 作用下产生;

2——点 p 处沿 y' 轴方向的轴力,以压力为正,为 $\overline{X}_{i(B)}^{1(2)}$ 作用下产生;

3——点 p 处绕 x' 轴的弯矩,以拱形连系梁下侧受拉为正,为 $\overline{X}_{i(B)}^{3(4)}$ 作用下产生;

4——点 p 处绕 y' 轴的扭矩,以指向离开截面的扭矩为正,为 $\overline{X}_{i(B)}^{3(4)}$ 作用下产生;

5——点 p 处绕 z' 轴的弯矩,以使拱形连系梁内侧受拉为正,为 $\overline{X}_{i(B)}^{1(2,5)}$ 作用下产生。

以下就第 i 根抗滑桩桩墙顶(右端部 B)多余约束作用下,求解拱形连系梁任一点 p 的内力(具体计算过程详见附 2)。

(1)$\overline{X}_i^1=1$ 单独作用时

$\overline{X}_i^1=1$ 单独作用于拱形连系梁时,拱形连系梁任一点 p 的内力 $\overline{X}_{pi}^{j1}$ 计算简图如图 4-8 所示,其中任一点 p 包括端部 A,任一点 p 将产生三种内力,即 $\overline{X}_{pi}^{11}$、$\overline{X}_{pi}^{21}$ 及 $\overline{X}_{pi}^{51}$。

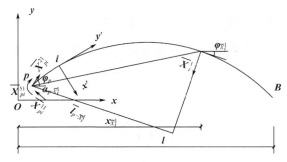

图 4-8 径向布桩拱形连系梁任一点 p 的 $\overline{X}_{pi}^{j1}$ 计算简图

在 $\overline{X}_i^1=1$ 作用下,拱形连系梁 $0<x<x_{\overline{X}_i^1}$ 区间任一点 p 的内力 $\overline{X}_{pi}^{j1}$ 可用式(4-1)表示。

$$\left.\begin{array}{l}\overline{X}_{pi}^{11}=\cos\left(\varphi_{p}-\varphi_{\overline{X}_{i}^{1}}\right)\\ \overline{X}_{pi}^{21}=\sin\left(\varphi_{p}-\varphi_{\overline{X}_{i}^{1}}\right)\\ \overline{X}_{pi}^{51}=-\dfrac{\left(x_{\overline{X}_{i}^{1}}-x_{p}\right)\cos\left(\alpha_{p-\overline{X}_{i}^{1}}-\varphi_{\overline{X}_{i}^{1}}\right)}{\cos\alpha_{p-\overline{X}_{i}^{1}}}\end{array}\right\} \quad (4\text{-}1)$$

在拱形连系梁 $x_{\overline{X}_{i}^{1}}<x<l$ 区间，任一点 p 的内力 $\overline{X}_{pi}^{j1}$ 可用式（4-2）表示。

$$\left.\begin{array}{l}\overline{X}_{pi}^{11}=0\\ \overline{X}_{pi}^{21}=0\\ \overline{X}_{pi}^{51}=0\end{array}\right\} \quad (4\text{-}2)$$

（2） $\overline{X}_{i}^{2}=1$ 单独作用时

$\overline{X}_{i}^{2}=1$ 单独作用于拱形连系梁时，拱形连系梁任一点 p 的内力 $\overline{X}_{pi}^{j2}$ 计算简图如图 4-9 所示，其中任一点 p 包括端部 A，任一点 p 将产生三种内力，即 $\overline{X}_{pi}^{12}$、$\overline{X}_{pi}^{22}$ 及 $\overline{X}_{pi}^{52}$。

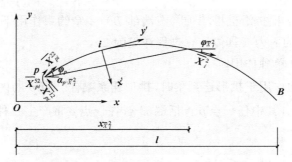

图 4-9　径向布桩拱形连系梁任一点 p 的 $\overline{X}_{pi}^{j2}$ 计算简图

在 $\overline{X}_{i}^{2}=1$ 作用下，拱形连系梁 $0<x<x_{\overline{X}_{i}^{2}}$ 区间任一点 p 的内力 $\overline{X}_{pi}^{j2}$ 可用式(4-3)表示。

$$\left.\begin{array}{l}\overline{X}_{pi}^{12}=\sin\left(\varphi_{p}-\varphi_{\overline{X}_{i}^{2}}\right)\\ \overline{X}_{pi}^{22}=-\cos\left(\varphi_{p}-\varphi_{\overline{X}_{i}^{2}}\right)\\ \overline{X}_{pi}^{52}=-\dfrac{\left(x_{\overline{X}_{i}^{2}}-x_{p}\right)\sin\left(\alpha_{p-\overline{X}_{i}^{2}}-\varphi_{\overline{X}_{i}^{2}}\right)}{\cos\alpha_{p-\overline{X}_{i}^{2}}}\end{array}\right\} \quad (4\text{-}3)$$

在拱形连系梁 $x_{\overline{X}_i^2}<x<l$ 区间，任一点 p 的内力 $\overline{X}_{pi}^{j2}$ 可用式（4-4）表示。

$$\left.\begin{array}{l}\overline{X}_{pi}^{12}=0\\ \overline{X}_{pi}^{22}=0\\ \overline{X}_{pi}^{52}=0\end{array}\right\} \qquad (4-4)$$

（3）$\overline{X}_i^3=1$ 单独作用时

$\overline{X}_i^3=1$ 单独作用时，拱形连系梁任一点 p 的内力 $\overline{X}_{pi}^{j3}$ 计算简图如图 4-10 所示，其中任一点 p 包括端部 A，任一点 p 将产生两种内力，即 $\overline{X}_{pi}^{33}$ 和 $\overline{X}_{pi}^{43}$。

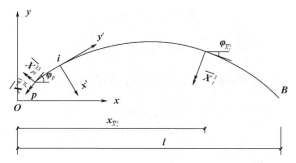

图 4-10　径向布桩拱形连系梁任一点 p 的 $\overline{X}_{pi}^{j3}$ 计算简图

在 $\overline{X}_i^3=1$ 作用下，拱形连系梁 $0<x<x_{\overline{X}_i^3}$ 区间任一点 p 的内力 $\overline{X}_{pi}^{j3}$ 可用式（4-5）表示。

$$\left.\begin{array}{l}\overline{X}_{pi}^{33}=\cos\left(\varphi_p-\varphi_{\overline{X}_i^3}\right)\\ \overline{X}_{pi}^{43}=-\sin\left(\varphi_p-\varphi_{\overline{X}_i^3}\right)\end{array}\right\} \qquad (4-5)$$

在拱形连系梁 $x_{\overline{X}_i^3}<x<l$ 区间，任一点 p 的内力 $\overline{X}_{pi}^{j3}$ 可用式（4-6）表示。

$$\left.\begin{array}{l}\overline{X}_{pi}^{33}=0\\ \overline{X}_{pi}^{43}=0\end{array}\right\} \qquad (4-6)$$

（4）$\overline{X}_i^4=1$ 单独作用时

$\overline{X}_i^4=1$ 单独作用时，拱形连系梁任一点 p 的内力 $\overline{X}_{pi}^{j4}$ 计算简图如图 4-11 所示，其中任一点 p 包括端部 A，任一点 p 将产生两种内力，即 $\overline{X}_{pi}^{34}$ 和 $\overline{X}_{pi}^{44}$。

在 $\overline{X}_i^4=1$ 作用下，拱形连系梁 $0<x<x_{\overline{X}_i^4}$ 区间任一点 p 的内力 $\overline{X}_{pi}^{j4}$ 可用式（4-7）表示。

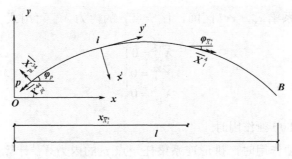

图 4-11　径向布桩拱形连系梁任一点 p 的 $\bar{X}_{pi}^{j4}$ 计算简图

$$\left.\begin{array}{l}\bar{X}_{pi}^{34}=\sin\left(\varphi_p-\varphi_{\bar{X}_i^4}\right)\\ \bar{X}_{pi}^{44}=\cos\left(\varphi_p-\varphi_{\bar{X}_i^4}\right)\end{array}\right\} \quad (4\text{-}7)$$

在拱形连系梁 $x_{\bar{X}_i^4}<x<l$ 区间，任一点 p 的内力 $\bar{X}_{pi}^{j4}$ 可用式（4-8）表示。

$$\left.\begin{array}{l}\bar{X}_{pi}^{34}=0\\ \bar{X}_{pi}^{44}=0\end{array}\right\} \quad (4\text{-}8)$$

（5）$\bar{X}_i^5=1$ 单独作用时

$\bar{X}_i^5=1$ 单独作用时，拱形连系梁任一点 p 的内力 $\bar{X}_{pi}^{j5}$ 计算简图如图 4-12 所示，其中任一点 p 包括端部 A，因 $\bar{X}_i^5$ 作用在 xOy 平面内，任一点 p 只产生一种内力 $\bar{X}_{pi}^{55}$。

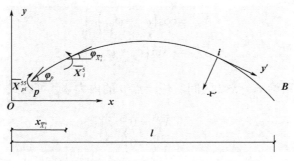

图 4-12　径向布桩拱形连系梁任一点 p 的 $\bar{X}_{pi}^{j5}$ 计算简图

在拱形连系梁 $0<x<x_{\bar{X}_i^5}$ 区间，$\bar{X}_{pi}^{55}$ 的具体计算表达式可用式（4-9）表示。

$$\bar{X}_{pi}^{55}=1 \quad (4\text{-}9)$$

在拱形连系梁 $x_{\bar{X}_i^5}<x<l$ 区间，任一点 p 的内力 $\bar{X}_{pi}^{55}$ 可用式（4-10）表示。

$$\overline{X}_{pi}^{55}=0 \tag{4-10}$$

4.1.3.2 滑向布桩条件下连系梁计算理论

对于桩墙按滑坡滑向布置的抗滑结构,拱形排列桩+挡土墙+桩顶拱形连系梁联合支护结构中的桩墙顶连系梁计算模型如图 4-13 所示。桩墙顶拱形连系梁可简化为拱轴在水平面内,拱轴作用有多余约束的高次超静定无铰拱。

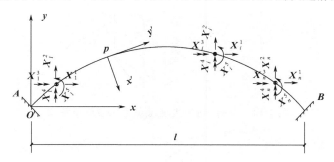

图 4-13 滑向布桩拱形连系梁计算模型平面图

在图 4-13 所示拱形连系梁计算模型平面图中,除端部抗力桩外,在桩墙顶与连系梁连接处,三者之间的约束力有集中力、弯矩及扭矩三种形式。计算连系梁内力时,忽略桩墙顶在竖直方向的轴力。为便于整体分析所有桩墙与连系梁之间的相互作用,统一规定计算公式中的有关几何元素,对桩顶拱形连系梁建立整体坐标系 $Oxyz$,整体坐标系 $Oxyz$ 的坐标原点在拱形连系梁的左端部,x 轴为拱形连系梁左右端部连线,且以指向右端部为正,y 轴以指向拱形连系梁"凸"向为正,z 轴以竖直向上为正。同时,为清晰表达在桩墙顶与连系梁连接处三者之间的约束力,在各抗滑桩桩墙顶,对拱形连系梁建立局部坐标系 $ix''y''z''$,局部坐标系 $ix''y''z''$ 为流动坐标系,仅坐标原点 i 位置不固定,其坐标原点 i 为桩顶与弧形连系梁连接处,x'' 轴、y'' 轴及 z'' 轴与整体坐标系中的 x 轴、y 轴及 z 轴相互平行,且指向相同。在流动局部坐标系 $ix''y''z''$ 中,第 i 根抗滑桩桩墙顶与拱形连系梁连接处,三者之间的约束力空间分布分别如图 4-14 与图 4-15 所示。

在第 i 根抗滑桩桩墙顶处,图 4-14 所示的局部坐标系 $ix''y''z''$ 中的 x'' 平面,与图 4-15 中桩墙顶受力空间分布局部坐标系一致,且与局部坐标系 $ix'y'z'$ 中的 x' 平面夹角为 Δ_{xi}。桩顶与拱形连系梁之间的约束作用表示为 X_i^k,其中 i 及 k 具体说明如下:

i——抗滑桩桩墙顶与拱形连系梁之间的约束作用位置或抗滑桩编号,如第 i 根抗滑桩及端部 B 等;

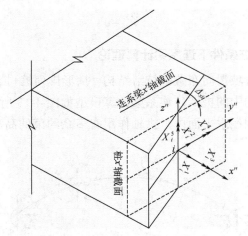

图 4-14 滑向布桩拱形连系梁受力空间示意图

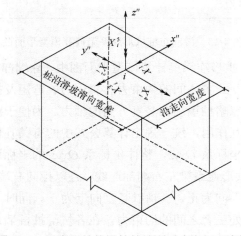

图 4-15 滑向布桩抗滑桩桩墙顶受力空间示意图

k——抗滑桩桩墙顶与拱形连系梁之间的约束作用类型编号,二者之间的约束作用共分为 5 种类型(k=1,2,3,4,5),在桩墙顶拱形连系梁流动局部坐标系中,说明如下:

1——第 i 根抗滑桩桩墙顶处或 B 端部,沿 x'' 轴的集中力,以指向 x'' 轴正方向为正;

2——第 i 根抗滑桩桩墙顶处或 B 端部,沿 y'' 轴的集中力,以指向 y'' 轴正方向为正;

3——第 i 根抗滑桩桩墙顶处或 B 端部,沿 x'' 轴的弯矩,以指向 x'' 轴正方向为正;

4——第 i 根抗滑桩桩墙顶处或 B 端部,沿 y'' 轴的扭矩,以指向 y'' 轴正方向为正；

5——第 i 根抗滑桩桩墙顶处或 B 端部，沿 z'' 轴方向的弯矩，以竖直向上为正。

为了计算桩墙顶弧形连系梁的内力，应首先求解图 4-13 所示计算模型中的冗力 X_i^k，可取以端部 B 的集中力、弯矩及扭矩为多余约束的基本体系，基本体系如图 4-16 所示。

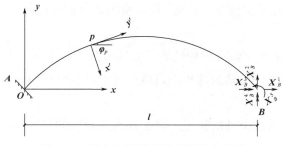

图 4-16　滑向布桩拱形连系梁基本体系

应用结构力学中的力法求解 X_i^k，需分别计算在 $\overline{X}_B^k=1$ 及 $\overline{X}_i^k=1$ 单独作用下，拱形连系梁任意点 p 的内力 $\overline{X}_{pi(B)}^{jk}$，为表达拱形连系梁任一点 p 的内力空间分布，对拱形连系梁建立与径向布桩相同的局部坐标系 $px'y'z'$。局部坐标系 $px'y'z'$ 为流动坐标系，坐标原点 p 位置及 x' 轴与 y' 轴指向均不固定，其坐标原点 p 为拱形连系梁任一点 p，x' 轴沿拱形连系梁径向，以指向拱形连系梁内侧为正，y' 轴沿拱形连系梁切线方向，局部坐标系中的 z' 轴与整体坐标系中的 z 轴相互平行，以竖直向上为正。在局部坐标系 $px'y'z'$ 中，拱形连系梁的内力 $\overline{X}_{pi(B)}^{jk}$ 空间分布形式如图 4-17 所示。

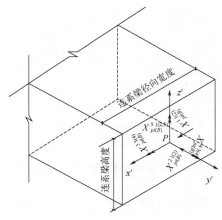

图 4-17　滑向布桩拱形连系梁内力空间分布示意图

图 4-17 所示的拱形连系梁内力 $\overline{X}_{pi(B)}^{jk}$ 中 k、i 及 B 在前文已做说明，不再赘述，j 及 p 的具体说明如下：

p——在右端部 B 及第 i 根抗滑桩桩墙顶约束作用下，拱形连系梁上需要计算内力的任一点 p，其中 p 点包括左端部 A。

j——在右端部 B 或第 i 根抗滑桩桩墙顶 k 类型约束作用下，在 p 点产生的内力 j，分为 5 种类型（$j=1,2,3,4,5$），具体说明如下：

1——点 p 处沿 x' 轴方向的剪力，以绕隔离体顺时针转动为正，为 $\overline{X}_{i(B)}^{1(2)}$ 作用下产生；

2——点 p 处沿 y' 轴方向的轴力，以压力为正，为 $\overline{X}_{i(B)}^{1(2)}$ 作用下产生；

3——点 p 处绕 x' 轴的弯矩，以拱形连系梁下侧受拉为正，为 $\overline{X}_{i(B)}^{3(4)}$ 作用下产生；

4——点 p 处绕 y' 轴的扭矩，以指向离开截面的扭矩为正，为 $\overline{X}_{i(B)}^{3(4)}$ 作用下产生；

5——点 p 处绕 z' 轴的弯矩，以使弧形连系梁内侧受拉为正，为 $\overline{X}_{i(B)}^{1(2,5)}$ 作用下产生。

以下就第 i 根抗滑桩桩墙顶（右端部 B）为例，求解拱形连系梁任一点 p 在多余约束作用下的内力（具体计算过程见附 3）。

（1）$\overline{X}_i^1=1$ 单独作用时

$\overline{X}_i^1=1$ 单独作用于拱形连系梁时，拱形连系梁任一点 p 的内力 $\overline{X}_{pi}^{j1}$ 计算简图如图 4-18 所示，其中任一点 p 包括端部 A，任一点 p 将产生三种内力，即 $\overline{X}_{pi}^{11}$、$\overline{X}_{pi}^{21}$ 及 $\overline{X}_{pi}^{51}$。

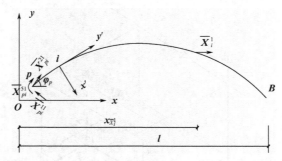

图 4-18 滑向布桩拱形连系梁任一点 p 的 $\overline{X}_{pi}^{j1}$ 计算简图

在 $\overline{X}_i^1=1$ 作用下，拱形连系梁 $0<x<x_{\overline{X}_i^1}$ 区间任一点 p 的内力 $\overline{X}_{pi}^{j1}$ 可用式（4-11）表示。

第 4 章 拱形多结构联合支护体系力学特性分析

$$\left.\begin{aligned}\overline{X}_{pi}^{11} &= \sin\varphi_p \\ \overline{X}_{pi}^{21} &= -\cos\varphi_p \\ \overline{X}_{pi}^{51} &= y_p - y_{\overline{X}_i^1}\end{aligned}\right\} \quad (4\text{-}11)$$

在拱形连系梁 $x_{\overline{X}_i^1}<x<l$ 区间，任一点 p 的内力 $\overline{X}_{pi}^{j1}$ 可用式（4-12）表示。

$$\left.\begin{aligned}\overline{X}_{pi}^{11} &= 0 \\ \overline{X}_{pi}^{21} &= 0 \\ \overline{X}_{pi}^{51} &= 0\end{aligned}\right\} \quad (4\text{-}12)$$

（2）$\overline{X}_i^2=1$ 单独作用时

$\overline{X}_i^2=1$ 单独作用于拱形连系梁时，拱形连系梁任一点 p 的内力 $\overline{X}_{pi}^{j2}$ 计算简图如图 4-19 所示，其中任一点 p 包括端部 A，任一点 p 将产生三种内力，即 $\overline{X}_{pi}^{12}$、$\overline{X}_{pi}^{22}$ 及 $\overline{X}_{pi}^{52}$。

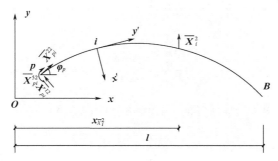

图 4-19 滑向布桩拱形连系梁任一点 p 的 $\overline{X}_{pi}^{j2}$ 计算简图

在 $\overline{X}_i^2=1$ 作用下，拱形连系梁 $0<x<x_{\overline{X}_i^2}$ 区间任一点 p 的内力 $\overline{X}_{pi}^{j2}$ 可用式 (4-13) 表示。

$$\left.\begin{aligned}\overline{X}_{pi}^{12} &= -\cos\varphi_p \\ \overline{X}_{pi}^{22} &= -\sin\varphi_p \\ \overline{X}_{pi}^{52} &= x_{\overline{X}_i^2} - x_p\end{aligned}\right\} \quad (4\text{-}13)$$

在拱形连系梁 $x_{\overline{X}_i^2}<x<l$ 区间，任一点 p 的内力 $\overline{X}_{pi}^{j2}$ 可用式（4-14）表示。

$$\left.\begin{aligned}\overline{X}_{pi}^{12} &= 0 \\ \overline{X}_{pi}^{22} &= 0 \\ \overline{X}_{pi}^{52} &= 0\end{aligned}\right\} \quad (4\text{-}14)$$

(3) $\bar{X}_i^3 = 1$ 单独作用时

$\bar{X}_i^3 = 1$ 单独作用时，拱形连系梁任一点 p 的内力 $\bar{X}_{pi}^{j3}$ 计算简图如图 4-20 所示，其中任一点 p 包括端部 A，任一点 p 将产生 $\bar{X}_{pi}^{33}$ 和 $\bar{X}_{pi}^{43}$ 两种内力。

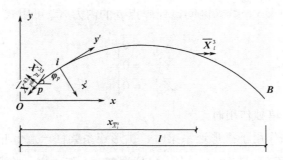

图 4-20　滑向布桩拱形连系梁任一点 p 的 $\bar{X}_{pi}^{j3}$ 计算简图

在 $\bar{X}_i^3 = 1$ 作用下，拱形连系梁 $0 < x < x_{\bar{X}_i^3}$ 区间任一点 p 的内力 $\bar{X}_{pi}^{j3}$ 可用式（4-15）表示。

$$\left.\begin{array}{l}\bar{X}_{pi}^{33} = \sin\varphi_p \\ \bar{X}_{pi}^{43} = \cos\varphi_p\end{array}\right\} \quad (4\text{-}15)$$

在拱形连系梁 $x_{\bar{X}_i^3} < x < l$ 区间，任一点 p 的内力 $\bar{X}_{pi}^{j3}$ 可用式（4-16）表示。

$$\left.\begin{array}{l}\bar{X}_{pi}^{33} = 0 \\ \bar{X}_{pi}^{43} = 0\end{array}\right\} \quad (4\text{-}16)$$

(4) $\bar{X}_i^4 = 1$ 单独作用时

$\bar{X}_i^4 = 1$ 单独作用时，拱形连系梁任一点 p 的内力 $\bar{X}_{pi}^{j4}$ 计算简图如图 4-21 所示，其中任一点 p 包括端部 A，任一点 p 将产生 $\bar{X}_{pi}^{34}$ 和 $\bar{X}_{pi}^{44}$ 两种内力。

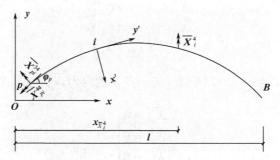

图 4-21　滑向布桩拱形连系梁任一点 p 的 $\bar{X}_{pi}^{j4}$ 计算简图

在 $\bar{X}_i^4=1$ 作用下，拱形连系梁 $0<x<x_{\bar{X}_i^4}$ 区间任一点 p 的内力 $\bar{X}_{pi}^{j4}$ 可用式（4-17）表示。

$$\left.\begin{array}{l}\bar{X}_{pi}^{34}=-\cos\varphi_p\\ \bar{X}_{pi}^{44}=\sin\varphi_p\end{array}\right\} \quad (4\text{-}17)$$

在拱形连系梁 $x_{\bar{X}_i^4}<x<l$ 区间，任一点 p 的内力 $\bar{X}_{pi}^{j4}$ 可用式（4-18）表示。

$$\left.\begin{array}{l}\bar{X}_{pi}^{34}=0\\ \bar{X}_{pi}^{44}=0\end{array}\right\} \quad (4\text{-}18)$$

（5）$\bar{X}_i^5=1$ 单独作用时

$\bar{X}_i^5=1$ 单独作用时，拱形连系梁任一点 p 的内力 $\bar{X}_{pi}^{j5}$ 计算简图如图4-22所示，其中任一点 p 包括端部 A，因 $\bar{X}_i^5$ 作用在 xOy 平面内，任一点 p 只产生一种内力 $\bar{X}_{pi}^{j5}$。

在拱形连系梁 $0<x<x_{\bar{X}_i^5}$ 区间，$\bar{X}_{pi}^{55}$ 的具体计算表达式可用式（4-19）表示。

$$\bar{X}_{pi}^{55}=1 \quad (4\text{-}19)$$

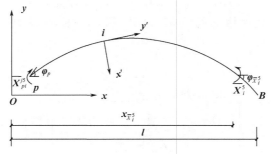

图4-22　滑向布桩拱形连系梁任一点 p $\bar{X}_{pi}^{j5}$ 计算简图

在拱形连系梁 $x_{\bar{X}_i^5}<x<l$ 区间，任一点 p 的内力 $\bar{X}_{pi}^{j5}$ 可用式（4-20）表示。

$$\bar{X}_{pi}^{j5}=0 \quad (4\text{-}20)$$

4.1.4　抗滑桩+挡土墙结构体系计算理论

本研究将抗滑桩和挡土墙简化为桩墙整体体系统一考虑。在桩墙顶单位约束力作用下，已分析拱形连系梁的内力，并得出各内力的计算表达式，但桩墙顶与连系梁之间的约束力仍为未知力，为求解桩墙顶与连系梁连接处的未知约束力，需对抗滑桩和挡土墙建立含桩墙顶未知约束力的位移和转角方程。在拱形连系梁局部坐标系 $ix'y'z'(ix''y''z'')$ 中，桩墙顶的受力状态为承受沿 $x'(x'')$ 轴及 $y'(y'')$ 轴方向的集中力、指向沿 $x'(x'')$ 轴及 $y'(y'')$ 轴方向的弯矩与指向沿 $z'(z'')$ 轴方向的扭矩，因此，桩墙顶发生与约束力相对应的位移及转角，即沿 $x'(x'')$ 轴及 $y'(y'')$ 轴方向的水平位移、在 $ix'z'(ix''z'')$ 平面及 $iy'z'(iy''z'')$ 平面内的转角与 $ix'y'(ix''y'')$ 平面内的扭转角。两种局部坐标系中桩墙内力及位移的计算方法相同，仅以 $ix'y'z'$ 局部坐标系为例进行具体分析。

4.1.4.1 水平位移及竖直面内转角

分析抗滑桩桩墙顶沿 x' 轴及 y' 轴方向的水平位移与在 $ix'z'$ 平面及 $iy'z'$ 平面内的转角。分析桩身和墙体的受力状态时，考虑滑面以上桩墙前土体抗力，受荷段与锚固段均视为弹性桩，全桩墙体系采用地基系数法进行计算，桩墙体系计算模型为如图 4-23 所示的弹性地基梁，$ix'z'$ 平面及 $iy'z'$ 平面内的位移及转角计算方法相同，以 $ix'z'$ 平面内的位移和转角计算为例进行分析。为分析桩墙结构体系中桩墙顶连系梁的内力分布及连系梁对桩墙的约束效果，以 "m-K" 法为例，对全桩墙结构进行计算，即滑面以上采用地基系数随深度成正比例增加的 "m" 法计算，滑面以下采用地基系数为常数的 "K" 法计算。

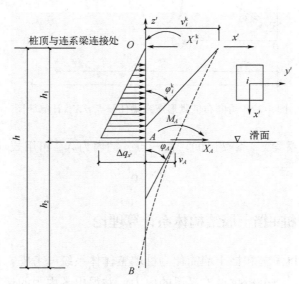

图 4-23　$ix'z'$ 平面内桩墙结构受力计算模型
（将抗滑桩和挡土墙简化为整体结构体系）

▶ 第4章 拱形多结构联合支护体系力学特性分析

在计算桩墙整体结构内力及位移时，以滑面为分界，对受荷段桩身和墙体及锚固段桩墙分别建立桩身挠曲微分方程，并分别求解受荷段与锚固段桩身任一截面的变位和内力计算表达式，通过桩身和墙体在滑面处的协调条件，建立桩墙顶边界条件与桩墙底边界条件的初参数方程组，并根据桩墙底边界条件得出桩墙顶处的位移、转角与集中力、弯矩的关系式。以下对桩墙结构体系受荷段与锚固段分别进行分析计算。

（1）桩墙结构体系受荷段计算

桩墙结构体系的受荷段 OA 采用"m"法进行计算，按图4-23所示计算模型，建立式（4-21）所示的受荷段桩身和墙体结构体系的挠曲微分方程。

$$EI\frac{\mathrm{d}^4 x'}{\mathrm{d}z'^4} + mz'x'B_\mathrm{p} - b\Delta q_x \frac{z'}{h_1} = 0 \tag{4-21}$$

式中　m——地基系数随深度变化的比例系数；

　　　EI——桩墙结构体系的抗弯刚度；

　　　B_p——桩墙结构体系的计算宽度，$B_\mathrm{p}=b+1$，其中 b 为土体抗力作用面的宽度；

　　　Δq_x——桩身和墙体结构 x' 轴向滑坡推力；

　　　h_1——受荷段长度。

采用幂级数求解，通过数学求解，可得式（4-22）所示的初值解。

$$\left.\begin{aligned}
x'_{z'} &= x'_0 A_1 + \frac{\varphi_0}{\alpha} B_1 + \frac{M_0}{\alpha^2 EI} C_1 + \frac{Q_0}{\alpha^3 EI} D_1 + \frac{b\Delta q}{\alpha^5 EIh_1} F_1 \\
\frac{\varphi_{z'}}{\alpha} &= x'_0 A_2 + \frac{\varphi_0}{\alpha} B_2 + \frac{M_0}{\alpha^2 EI} C_2 + \frac{Q_0}{\alpha^3 EI} D_2 + \frac{b\Delta q}{\alpha^5 EIh_1} F_2 \\
\frac{M_{z'}}{\alpha^2 EI} &= x'_0 A_3 + \frac{\varphi_0}{\alpha} B_3 + \frac{M_0}{\alpha^2 EI} C_3 + \frac{Q_0}{\alpha^3 EI} D_3 + \frac{b\Delta q}{\alpha^5 EIh_1} F_3 \\
\frac{Q_{z'}}{\alpha^3 EI} &= x'_0 A_4 + \frac{\varphi_0}{\alpha} B_4 + \frac{M_0}{\alpha^2 EI} C_4 + \frac{Q_0}{\alpha^3 EI} D_4 + \frac{b\Delta q}{\alpha^5 EIh_1} F_4
\end{aligned}\right\} \tag{4-22}$$

式中　$x'_{z'}$、$\varphi_{z'}$、$M_{z'}$、$Q_{z'}$——分别为桩墙结构受荷段任一截面位移、转角、弯矩及剪力；

　　　x'_0、φ_0、M_0、Q_0——分别为桩墙结构顶处的位移、转角、弯矩及剪力；

　　　A_i、B_i、C_i、D_i、F_i——分别为随桩墙结构换算深度 $\alpha_{z'}$ 而异的"m"法影响函数值；

α——桩墙结构的变形系数，$\alpha=\left(\dfrac{mB_\mathrm{p}}{EI}\right)^{\frac{1}{5}}$。

(2) 抗滑桩锚固段计算

桩墙结构的锚固段 AB 采用"K"法进行计算，按图 4-23 所示计算模型，建立如式 (4-23) 所示的锚固段桩墙结构挠曲微分方程。

$$EI\dfrac{\mathrm{d}^4 x'}{\mathrm{d}z'^4} + x' K B_\mathrm{p} = 0 \qquad (4\text{-}23)$$

式中　K——土体侧向地基系数；

　　　EI——桩墙整体结构的抗弯刚度；

　　　B_p——桩墙整体结构的计算宽度，$B_\mathrm{p}=b+1$，其中 b 为土体抗力作用面的宽度。

通过数学求解，可得出滑面以下锚固段桩墙结构任一截面的变位和内力计算公式：

$$\left.\begin{aligned}
x'_{z'} &= x'_A \varphi_1 + \dfrac{\varphi_A}{\beta}\varphi_2 + \dfrac{M_A}{\beta^2 EI}\varphi_3 + \dfrac{Q_A}{\beta^3 EI}\varphi_4 \\
\varphi_{z'} &= \beta\left(-4x'_A \varphi_4 + \dfrac{\varphi_A}{\beta}\varphi_1 + \dfrac{M_A}{\beta^2 EI}\varphi_2 + \dfrac{Q_A}{\beta^3 EI}\varphi_3\right) \\
M_{z'} &= -4x'_A \beta^2 EI \varphi_3 - 4\varphi_A \beta EI \varphi_4 + M_A \varphi_1 + \dfrac{Q_A}{\beta}\varphi_2 \\
Q_{z'} &= -4x'_A \beta^3 EI \varphi_2 - 4\varphi_A \beta^2 EI \varphi_3 - 4M_A \beta \varphi_4 + Q_A \varphi_1
\end{aligned}\right\} \qquad (4\text{-}24)$$

式中　$x'_{z'}$、$\varphi_{z'}$、$M_{z'}$、$Q_{z'}$——分别为桩墙结构锚固段任一截面位移、转角、弯矩及剪力；

　　　x'_A、φ_A、M_A、Q_A——分别为桩墙结构滑面处的位移、转角、弯矩及剪力；

　　　β——桩墙结构的变形系数，$\beta=\left(\dfrac{KB_\mathrm{p}}{4EI}\right)^{\frac{1}{4}}$；

　　　φ_1、φ_2、φ_3、φ_4——分别为随桩墙结构换算深度 $\beta_{z'}$ 而异的"K"法影响函数值。

(3) 建立全桩墙结构体系初参数方程组

由滑面处的变形及内力协调，将式 (4-22) 代入式 (4-24)，经过整理合并，可得到如式 (4-25) 所示的以桩墙结构顶变位和内力表示的桩墙结构底变位和内力的初参数方程组。

第 4 章 拱形多结构联合支护体系力学特性分析

$$\left.\begin{aligned}
x'_B &= x'_0 A_5 + \frac{\varphi_0}{\alpha} B_5 + \frac{M_0}{\alpha^2 EI} C_5 + \frac{Q_0}{\alpha^3 EI} D_5 + \frac{b\Delta q}{\alpha^5 EI h_1} F_5 \\
\varphi_B &= \beta \left(x'_0 A_6 + \frac{\varphi_0}{\alpha} B_6 + \frac{M_0}{\alpha^2 EI} C_6 + \frac{Q_0}{\alpha^3 EI} D_6 + \frac{b\Delta q}{\alpha^5 EI h_1} F_6 \right) \\
M_B &= \beta^2 EI \left(x'_0 A_7 + \frac{\varphi_0}{\alpha} B_7 + \frac{M_0}{\alpha^2 EI} C_7 + \frac{Q_0}{\alpha^3 EI} D_7 + \frac{b\Delta q}{\alpha^5 EI h_1} F_7 \right) \\
Q_B &= \beta^3 EI \left(x'_0 A_8 + \frac{\varphi_0}{\alpha} B_8 + \frac{M_0}{\alpha^2 EI} C_8 + \frac{Q_0}{\alpha^3 EI} D_8 + \frac{b\Delta q}{\alpha^5 EI h_1} F_8 \right)
\end{aligned}\right\} \quad (4\text{-}25)$$

$$\begin{cases}
A_5 = A_1 \varphi_1 + n A_2 \varphi_2 + n^2 A_3 \varphi_3 + n^3 A_4 \varphi_4 \\
B_5 = B_1 \varphi_1 + n B_2 \varphi_2 + n^2 B_3 \varphi_3 + n^3 B_4 \varphi_4 \\
C_5 = C_1 \varphi_1 + n C_2 \varphi_2 + n^2 C_3 \varphi_3 + n^3 C_4 \varphi_4 \\
D_5 = D_1 \varphi_1 + n D_2 \varphi_2 + n^2 D_3 \varphi_3 + n^3 D_4 \varphi_4 \\
F_5 = F_1 \varphi_1 + n F_2 \varphi_2 + n^2 F_3 \varphi_3 + n^3 F_4 \varphi_4
\end{cases}$$

$$\begin{cases}
A_6 = -4 A_1 \varphi_4 + n A_2 \varphi_1 + n^2 A_3 \varphi_2 + n^3 A_4 \varphi_3 \\
B_6 = -4 B_1 \varphi_4 + n B_2 \varphi_1 + n^2 B_3 \varphi_2 + n^3 B_4 \varphi_3 \\
C_6 = -4 C_1 \varphi_4 + n C_2 \varphi_1 + n^2 C_3 \varphi_2 + n^3 C_4 \varphi_3 \\
D_6 = -4 D_1 \varphi_4 + n D_2 \varphi_1 + n^2 D_3 \varphi_2 + n^3 D_4 \varphi_3 \\
F_6 = -4 F_1 \varphi_4 + n F_2 \varphi_1 + n^2 F_3 \varphi_2 + n^3 F_4 \varphi_3
\end{cases}$$

$$\begin{cases}
A_7 = -4 A_1 \varphi_3 - 4 n A_2 \varphi_4 + n^2 A_3 \varphi_1 + n^3 A_4 \varphi_2 \\
B_7 = -4 B_1 \varphi_3 - 4 n B_2 \varphi_4 + n^2 B_3 \varphi_1 + n^3 B_4 \varphi_2 \\
C_7 = -4 C_1 \varphi_3 - 4 n C_2 \varphi_4 + n^2 C_3 \varphi_1 + n^3 C_4 \varphi_2 \\
D_7 = -4 D_1 \varphi_3 - 4 n D_2 \varphi_4 + n^2 D_3 \varphi_1 + n^3 D_4 \varphi_2 \\
F_7 = -4 F_1 \varphi_3 - 4 n F_2 \varphi_4 + n^2 F_3 \varphi_1 + n^3 F_4 \varphi_2
\end{cases}$$

$$\begin{cases}
A_8 = -4 A_1 \varphi_2 - 4 n A_2 \varphi_3 - 4 n^2 A_3 \varphi_4 + n^3 A_4 \varphi_1 \\
B_8 = -4 B_1 \varphi_2 - 4 n B_2 \varphi_3 - 4 n^2 B_3 \varphi_4 + n^3 B_4 \varphi_1 \\
C_8 = -4 C_1 \varphi_2 - 4 n C_2 \varphi_3 - 4 n^2 C_3 \varphi_4 + n^3 C_4 \varphi_1 \\
D_8 = -4 D_1 \varphi_2 - 4 n D_2 \varphi_3 - 4 n^2 D_3 \varphi_4 + n^3 D_4 \varphi_1 \\
F_8 = -4 F_1 \varphi_2 - 4 n F_2 \varphi_3 - 4 n^2 F_3 \varphi_4 + n^3 F_4 \varphi_1
\end{cases}$$

其中，$n = \alpha / \beta$。

（4）按桩墙结构底约束条件计算桩墙结构顶位移及转角

①当桩墙结构底为固定端时，$x'_B = 0$，$\varphi_B = 0$，$M_B \neq 0$，$Q_B \neq 0$，将 $x'_B = 0$，$\varphi_B = 0$ 代入式（4-25）第 1、2 式，联立解得如式（4-26）所示的桩墙结构顶位移和转角。

$$\left.\begin{array}{l} x'_0 = \dfrac{Q_0}{\alpha^3 EI} \times \dfrac{B_5 D_6 - D_5 B_6}{A_5 B_6 - B_5 A_6} + \dfrac{M_0}{\alpha^2 EI} \times \dfrac{B_5 C_6 - C_5 B_6}{A_5 B_6 - B_5 A_6} + \dfrac{b\Delta q_{x'}}{\alpha^5 EIh} \times \dfrac{B_5 F_6 - F_5 B_6}{A_5 B_6 - B_5 A_6} \\ \varphi_0 = \dfrac{Q_0}{\alpha^2 EI} \times \dfrac{A_5 D_6 - D_5 A_6}{A_5 B_6 - B_5 A_6} + \dfrac{M_0}{\alpha EI} \times \dfrac{A_6 C_5 - C_6 A_5}{A_5 B_6 - B_5 A_6} + \dfrac{b\Delta q_{x'}}{\alpha^4 EIh} \times \dfrac{A_6 F_5 - F_6 A_5}{A_5 B_6 - B_5 A_6} \end{array}\right\}$$

(4-26)

②当桩墙结构底为铰支端时,$x'_B=0$,$M_B=0$,$\varphi_B\neq 0$,$Q_B\neq 0$,将 $x'_B=0$,$M_B=0$ 代入式(4-25)第1、3式,联立解得如式(4-27)所示的桩墙结构顶位移和转角。

$$\left.\begin{array}{l} x'_0 = \dfrac{Q_0}{\alpha^3 EI} \times \dfrac{B_7 D_5 - D_7 B_5}{A_7 B_5 - B_7 A_5} + \dfrac{M_0}{\alpha^2 EI} \times \dfrac{B_7 C_5 - C_7 B_5}{A_7 B_5 - B_7 A_5} + \dfrac{b\Delta q_{x'}}{\alpha^5 EIh} \times \dfrac{B_7 F_5 - F_7 B_5}{A_7 B_5 - B_7 A_5} \\ \varphi_0 = \dfrac{Q_0}{\alpha^2 EI} \times \dfrac{A_5 D_7 - D_5 A_7}{A_7 B_5 - B_7 A_5} + \dfrac{M_0}{\alpha EI} \times \dfrac{A_5 C_7 - C_5 A_7}{A_7 B_5 - B_7 A_5} + \dfrac{b\Delta q_{x'}}{\alpha^4 EIh} \times \dfrac{A_5 F_7 - F_5 A_7}{A_7 B_5 - B_7 A_5} \end{array}\right\}$$

(4-27)

③当桩墙结构底为自由端时,$M_B=0$,$Q_B=0$,$\varphi_B\neq 0$,$x'_B\neq 0$,将 $M_B=0$,$Q_B=0$ 代入式(4-25)的第3、4式,联立解得如式(4-28)所示的桩墙结构顶位移和转角。

$$\left.\begin{array}{l} x'_0 = \dfrac{Q_0}{\alpha^3 EI} \times \dfrac{B_8 D_7 - D_8 B_7}{A_8 B_7 - B_8 A_7} + \dfrac{M_0}{\alpha^2 EI} \times \dfrac{B_8 C_7 - C_8 B_7}{A_8 B_7 - B_8 A_7} + \dfrac{b\Delta q_{x'}}{\alpha^5 EIh} \times \dfrac{B_8 F_7 - F_8 B_7}{A_8 B_7 - B_8 A_7} \\ \varphi_0 = \dfrac{Q_0}{\alpha^2 EI} \times \dfrac{A_7 D_8 - D_7 A_8}{A_8 B_7 - B_8 A_7} + \dfrac{M_0}{\alpha EI} \times \dfrac{A_7 C_8 - C_7 A_8}{A_8 B_7 - B_8 A_7} + \dfrac{b\Delta q_{x'}}{\alpha^4 EIh} \times \dfrac{A_7 F_8 - F_7 A_8}{A_8 B_7 - B_8 A_7} \end{array}\right\}$$

(4-28)

式(4-26)、式(4-27)及式(4-28)分别表示了桩墙结构底边界条件为固定端、铰支端及自由端时,桩墙结构顶位移与桩墙结构顶约束作用力的关系表达式。为与拱形连系梁局部坐标系 $ix'y'z'$ 中内力相对应,以 $X_i^{1(2)}$ 表示桩墙结构顶 x' 轴及 y' 轴方向的集中力,以 $X_i^{4(3)}$ 表示指向沿 y' 轴及 x' 轴方向的弯矩,以 $v_i^{1(2)}$ 表示桩墙结构顶 x' 轴及 y' 轴方向的位移,以 $v_i^{3(4)}$ 表示桩墙结构顶在 $ix'z'$ 平面及 $iy'z'$ 平面内的转角,可统一用式(4-29)表示:

$$\left.\begin{array}{l} v_i^{1(2)} = AX_i^{1(2)} + BX_i^{4(3)} + C\Delta q_{x'(y')} \\ v_i^{3(4)} = DX_i^{1(2)} + EX_i^{4(3)} + F\Delta q_{y'(x')} \end{array}\right\}$$

(4-29)

式(4-29)中 A、B、C、D、E 及 F 为式(4-26)、式(4-27)及式(4-28)

中的相应组合系数的统一表达。

4.1.4.2 水平面内转角

在 $ix'y'$ 平面及 $ix''y''$ 平面内，抗滑桩的受力模式相同，以 $ix'y'$ 平面为例做具体分析，其桩墙结构顶受如图 4-24 所示的扭矩作用。

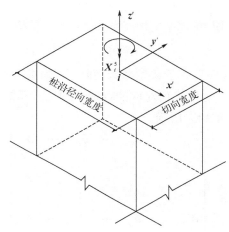

图 4-24 $ix'y'$ 平面内桩墙结构体系受力计算模型

如图 4-24 所示桩墙结构顶在指向沿 z' 轴负方向的扭矩 X_i^5 作用下，桩墙结构将在 $ix'y'$ 平面内发生扭转，假定锚固段固定，忽略受荷段桩墙周围土体抗力，使计算结果偏于安全，应用材料力学中等直非圆杆扭转的变形公式计算受荷段的扭转角。以 v_i^5 表示桩顶在 $ix'y'$ 平面内的扭转角，其计算公式如式（4-30）所示。

$$v_i^5 = \frac{X_i^5 h_1}{GI_t} \tag{4-30}$$

式中，GI_t 为受荷段桩墙结构抗扭刚度。桩墙结构顶沿 x' 轴及 y' 轴方向的水平位移、在 $ix'z'$ 平面及 $iy'z'$ 平面内的转角与 $ix'y'$ 平面内的扭转角可统一用式（4-31）计算。

$$\left.\begin{aligned} v_i^{1(2)} &= AX_i^{1(2)} + BX_i^{4(3)} + C\Delta q_{x'(y')} \\ v_i^{3(4)} &= DX_i^{1(2)} + EX_i^{4(3)} + F\Delta q_{y'(x')} \\ v_i^5 &= \frac{X_i^5 h_1}{GI_t} \end{aligned}\right\} \tag{4-31}$$

4.1.5 抗滑桩+挡土墙+桩墙结构顶连系梁联合支护结构典型方程

通过以上分析，已求得拱形连系梁在单位约束力作用下的内力计算公式，已建立含未知约束力的桩墙结构顶位移计算公式，为求得桩墙结构顶与拱形连系梁之间的未知约束力，可利用拱形连系梁与桩墙结构顶连接处的位移协调条件，建立抗滑桩+挡土墙+桩墙结构顶连系梁联合支护结构的柔度方程式（4-32）。

$$\delta X = v \tag{4-32}$$

式中，δ 为力法典型方程的柔度系数矩阵；X 为拱形连系梁与桩墙结构顶之间的约束力矩阵；v 为与 X 所对应的桩墙结构顶位移矩阵。柔度系数矩阵 δ 为分块矩阵，如式（4-33）所示。

$$\delta = \begin{bmatrix} \delta_{BB} & \cdots & \delta_{Bi} & \cdots & \delta_{Bj} & \cdots & \delta_{Bn} \\ \vdots & & \vdots & & \vdots & & \vdots \\ \delta_{iB} & \cdots & \delta_{ii} & \cdots & \delta_{ij} & \cdots & \delta_{in} \\ \vdots & & \vdots & & \vdots & & \vdots \\ \delta_{jB} & \cdots & \delta_{ji} & \cdots & \delta_{jj} & \cdots & \delta_{jn} \\ \vdots & & \vdots & & \vdots & & \vdots \\ \delta_{nB} & \cdots & \delta_{ni} & \cdots & \delta_{nj} & \cdots & \delta_{nn} \end{bmatrix} \tag{4-33}$$

各子块可用式（4-34）、式（4-35）及式（4-36）表示。

$$\delta_{BB} = \begin{bmatrix} \delta_{BB}^{11} & \delta_{BB}^{12} & 0 & 0 & \delta_{BB}^{15} \\ \delta_{BB}^{21} & \delta_{BB}^{22} & 0 & 0 & \delta_{BB}^{25} \\ 0 & 0 & \delta_{BB}^{33} & \delta_{BB}^{34} & 0 \\ 0 & 0 & \delta_{BB}^{43} & \delta_{BB}^{44} & 0 \\ \delta_{BB}^{51} & \delta_{BB}^{52} & 0 & 0 & \delta_{BB}^{55} \end{bmatrix} \tag{4-34}$$

$$\delta_{Bi} = \begin{bmatrix} \delta_{Bi}^{11} & \delta_{Bi}^{12} & 0 & 0 & \delta_{Bi}^{15} \\ \delta_{Bi}^{21} & \delta_{Bi}^{22} & 0 & 0 & \delta_{Bi}^{25} \\ 0 & 0 & \delta_{Bi}^{33} & \delta_{Bi}^{34} & 0 \\ 0 & 0 & \delta_{Bi}^{43} & \delta_{Bi}^{44} & 0 \\ \delta_{Bi}^{51} & \delta_{Bi}^{52} & 0 & 0 & \delta_{Bi}^{55} \end{bmatrix} \tag{4-35}$$

$$\delta_{ii} = \begin{bmatrix} \delta_{ii}^{11} & \delta_{ii}^{12} & 0 & 0 & \delta_{ii}^{15} \\ \delta_{ii}^{21} & \delta_{ii}^{22} & 0 & 0 & \delta_{ii}^{25} \\ 0 & 0 & \delta_{ii}^{33} & \delta_{ii}^{34} & 0 \\ 0 & 0 & \delta_{ii}^{43} & \delta_{ii}^{44} & 0 \\ \delta_{ii}^{51} & \delta_{ii}^{52} & 0 & 0 & \delta_{ii}^{55} \end{bmatrix} \tag{4-36}$$

$\pmb{\delta}$ 中各子块均为 5 阶方阵，以 m、n 表示所有桩墙结构中的任意第 m 根及第 n 根，则子块可分为 δ_{mm} 和 δ_{mn} 两种类型，具体为 δ_{BB}、δ_{Bi}、δ_{ii}，且 $\delta_{mm}=\delta_{mn}$。因为 δ_{mm} 和 δ_{mn} 子块中的元素可分为 δ_{mm}^{11}、δ_{mm}^{22}、δ_{mm}^{33}、δ_{mm}^{44}、δ_{mm}^{55}、δ_{mm}^{12}、δ_{mm}^{15}、δ_{mm}^{25}、δ_{mm}^{34}、δ_{mm}^{43}、δ_{mm}^{51}、δ_{mm}^{52} 及 δ_{mn}^{11}、δ_{mn}^{22}、δ_{mn}^{33}、δ_{mn}^{44}、δ_{mn}^{55}、δ_{mn}^{12}、δ_{mn}^{15}、δ_{mn}^{25}、δ_{mn}^{34}、δ_{mn}^{43}、δ_{mn}^{51}、δ_{mn}^{52} 几种类型，计算柔度系数（附 4）时，可将弯矩、扭矩、轴力及剪力的影响因素均考虑在内。针对具体工程结构计算时，视其对系数的影响程度做取舍，各子块中其余各元素均为 0。

拱形连系梁与桩墙结构顶之间的约束力 $\pmb{X}$ 亦为分块矩阵，如式（4-37）所示。

$$\pmb{X} = \begin{bmatrix} \pmb{X}_B^k \cdots \pmb{X}_i^k \cdots \pmb{X}_j^k \cdots \pmb{X}_n^k \end{bmatrix}^\mathrm{T} \quad (4\text{-}37)$$

冗力矩阵 $\pmb{X}$ 各子块中元素可用式（4-38）表示。

$$\pmb{X}_i^k = \begin{bmatrix} X_i^1, X_i^2, X_i^3, X_i^4, X_i^5 \end{bmatrix}^\mathrm{T} \quad (4\text{-}38)$$

与冗力矩阵所对应的位移矩阵 $\pmb{v}$ 同样为分块矩阵，如式（4-39）所示。

$$\pmb{v} = \begin{bmatrix} \pmb{v}_B^k \cdots \pmb{v}_i^k \cdots \pmb{v}_j^k \cdots \pmb{v}_n^k \end{bmatrix}^\mathrm{T} \quad (4\text{-}39)$$

位移矩阵 $\pmb{v}$ 各子块元素可用式（4-40）表示。

$$\pmb{v}_i^k = \begin{bmatrix} v_i^1, v_i^2, v_i^3, v_i^4, v_i^5 \end{bmatrix}^\mathrm{T} \quad (4\text{-}40)$$

4.2 边坡土体力学特性分析[46]

4.2.1 联合支护体系墙后的主动土压力计算

边坡支护结构挡土（桩）墙后常遇双层或多层填土，即成层土，一般采用朗肯理论或库仑理论分析计算土压力。本研究采用库仑精确解计算成层土的土压力，如图 4-25 所示支护结构体系。

库仑理论由法国科学家库仑（C.A.Coulomb）于 1773 年提出，其基本假定为：

① 挡土墙墙后填土为无黏性土；

② 挡土墙后填土产生主动或被动土压力时，填土形成滑动楔体，滑裂

面为通过墙踵的平面。

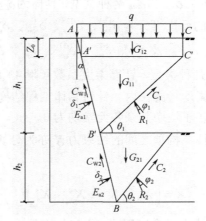

图 4-25 挡土结构与滑动土体

库仑理论假设滑动楔体处于极限平衡状态，运用静力平衡条件求解土压力。支护结构挡土墙背 AB 与垂直方向的夹角为 α，填土由两层组成，高度分别为 h_1、h_2，表面水平，作用均布荷载 q，天然重度、单位凝聚力、内摩擦角分别为 γ_1、c_1、φ_1、γ_2、c_2、φ_2，填土与墙背的外摩擦角分别为 δ_1、δ_2，墙背与填土接触面上的单位黏着力分别为 c_{w1}、c_{w2}。

先求第一层土对支护结构的主动土压力 E_{a1}，裂缝深度 Z_0 可用下式求出：

$$Z_0 = \frac{2c_1}{\gamma_1 \sqrt{K_{a1}}} - \frac{q}{\gamma_1} \quad (4-41)$$

式中，K_{a1} 为第一层土的朗肯主动土压力系数，$K_{a1}=\tan^2(45°-\varphi_1/2)$。当 $Z_0 \leqslant 0$ 时，填土表面无裂缝开展，取 $Z_0=0$。

作用于滑动土体 $AA'B'C'C$ 的力有：

① 土体自重 G_{11}、G_{12} 及填土表面超载 q 的合力 G_{13}，根据几何关系有：

$$G_{11} = \frac{1}{2}\gamma_1 h_1' \overline{A'C'} \quad (4-42)$$

$$G_{12} = \gamma_1 Z_0 \overline{A'C'} \quad (4-43)$$

$$G_{13} = q\overline{A'C'} \quad (4-44)$$

式中，$h_1' = h_1 - Z_0$。

② $B'C'$ 上的反力 R_1；

③ $B'C'$ 上的总凝聚力 $C_1 = c_1 \overline{B'C'}$；

④ 墙背 AB' 上的总黏着力 $C_{w1} = c_{w1} \dfrac{h_1'}{\cos\alpha}$；

⑤ 墙背 AB' 上的反力 E_{a1}。

基于图 4-25，根据力学特性，作相应辅助线，绘制闭合力矢多边形，如图 4-26 所示，其中 $\overline{fc}$ 为主动土压力 E_{a1}。

由图可知：

$$\overline{ch} = \overline{ag} - \overline{ae} - \overline{dc} - \overline{i'g} \tag{4-45}$$

$$\overline{ag} = G_{11} + G_{12} + G_{13} = \frac{1}{2}\gamma_1 h_1' \overline{A'C'} + \gamma_1 Z_0 \overline{A'C'} + q\overline{A'C'} \tag{4-46}$$

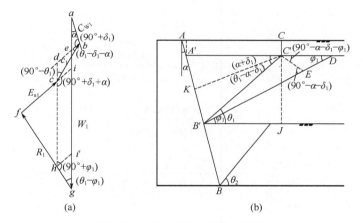

图 4-26 挡土结构土压力计算图

由图 4-26 中的几何关系，可得：

$$\overline{ae} = \frac{c_{w1} h_1' \cos\delta_1}{\cos\alpha \cos(\alpha + \delta_1)} \tag{4-47}$$

$$\overline{dc} = \frac{c_1}{\cos(\alpha + \delta_1)} \left[\frac{h_1' \cos\delta_1}{\cos\alpha} - \overline{A'C'} \sin(\alpha + \delta_1) \right] \tag{4-48}$$

$$\overline{i'g} = \left[\frac{c_1}{\cos(\alpha + \delta_1)} \left(\overline{A'C'} - \frac{h_1' \sin\alpha}{\cos\alpha} \right) - \frac{c_{w1} h_1' \sin\alpha}{\cos\alpha \cos(\alpha + \delta_1)} \right] \frac{\overline{B'E}}{\overline{C'E}} \tag{4-49}$$

令 $m_{11} = \overline{A'C'}$、$m_{21} = \overline{C'E}$、$n_1 = \overline{B'E}$，
则 $\overline{ch}$ 可写成：

$$\overline{ch} = \frac{1}{2}\gamma_1 h_1' m_{11} + \gamma_1 Z_0 m_{11} + qm_{11} - \frac{c_{w1} h_1' \cos\delta_1}{\cos\alpha \cos(\alpha+\delta_1)}$$

$$-\frac{c_1}{\cos(\alpha+\delta_1)}\left[\frac{h_1' \cos\delta_1}{\cos\alpha} - m_{11}\sin(\alpha+\delta_1)\right]$$

$$-\left[\frac{c_1}{\cos(\alpha+\delta_1)}\left(m_{11} - \frac{h_1' \sin\alpha}{\cos\alpha}\right) - \frac{c_{w1} h_1' \sin\alpha}{\cos\alpha \cos(\alpha+\delta_1)}\right]\frac{n_1}{m_{21}} \quad (4\text{-}50)$$

由图 4-26（b）的几何关系可得：

$$m_{11} = b_{11} + b_{21}n_1 \quad (4\text{-}51)$$

$$m_{21} = d_{11} - d_{21}n_1 \quad (4\text{-}52)$$

式中

$$b_{11} = \frac{h_1'}{\cos\alpha \sin\varphi_1}\left[\cos(\alpha-\varphi_1) - \frac{\cos\alpha \cos(\alpha+\delta_1)}{\cos(\alpha+\delta_1+\varphi_1)}\right] \quad (4\text{-}53)$$

$$b_{21} = \frac{\cos(\alpha+\delta_1)}{\cos(\alpha+\delta_1+\varphi_1)} \quad (4\text{-}54)$$

$$d_{11} = \frac{h_1'}{\cos(\alpha+\delta_1+\varphi_1)} \quad (4\text{-}55)$$

$$d_{21} = \frac{\sin\varphi_1}{\cos(\alpha+\delta_1+\varphi_1)} \quad (4\text{-}56)$$

由三角形 hfc 与三角形 $B'C'E$ 相似可得：

$$E_{a1} = \overline{ch}\frac{m_{21}}{n_1} \quad (4\text{-}57)$$

将式（4-50）代入式（4-57）式并化简得：

$$E_{a1} = \left[\frac{1}{2}\gamma_1 h_1' + \gamma_1 Z_0 + q + \frac{c_1 \sin(\alpha+\delta_1)}{\cos(\alpha+\delta_1)}\right]\frac{m_{11}m_{21}}{n_1} - \frac{h_1' \cos\delta_1}{\cos\alpha \cos(\alpha+\delta_1)}(c_{w1} + c_1)$$

$$\times \frac{m_{21}}{n_1} - \frac{c_1}{\cos(\alpha+\delta_1)}m_{11} + \frac{h_1' \sin\alpha}{\cos\alpha \cos(\alpha+\delta_1)}(c_1 + c_{w1})$$

$$(4\text{-}58)$$

根据式（4-58），由极值条件 $dE_{a1}/dn_1=0$ 得：

$$n_1 = \sqrt{\frac{\dfrac{h_1' \cos\delta_1}{\cos\alpha \cos(\alpha+\delta_1)}(c_{w1}+c_1)d_{11} - \left[\dfrac{1}{2}\gamma_1 h_1' + \gamma_1 Z_0 + q + \dfrac{c_1 \sin(\alpha+\delta_1)}{\cos(\alpha+\delta_1)}\right]b_{11}d_{11}}{\left[\dfrac{1}{2}\gamma_1 h_1' + \gamma_1 Z_0 + q + \dfrac{c_1 \sin(\alpha+\delta_1)}{\cos(\alpha+\delta_1)}\right]b_{21}d_{21} + \dfrac{c_1}{\cos(\alpha+\delta_1)}b_{21}}}$$

(4-59)

将第一层土转化为第二层土表面的荷载，则作用在第二层土表面的荷载为：

$$q_1 = \gamma_1 h_1 + q \tag{4-60}$$

取 $Z_0=0$，同理可得第二层填土主动土压力为：

$$\begin{aligned}E_{a2} =& \left[\frac{1}{2}\gamma_2 h_2 + \gamma_1 h_1 + q + \frac{c_2 \sin(\alpha+\delta_2)}{\cos(\alpha+\delta_2)}\right]\frac{m_{12}m_{22}}{n_2} - \frac{h_2 \cos\delta_2}{\cos\alpha \cos(\alpha+\delta_2)}(c_{w2}+c_2) \\ & \times \frac{m_{22}}{n_2} - \frac{c_2}{\cos(\alpha+\delta_2)}m_{12} + \frac{h_2 \sin\alpha}{\cos\alpha \cos(\alpha+\delta_2)}(c_2 + c_{w2})\end{aligned}$$

(4-61)

式中

$$n_2 = \sqrt{\frac{\dfrac{h_2 \cos\delta_2}{\cos\alpha \cos(\alpha+\delta_2)}(c_{w2}+c_2)d_{12} - \left[\dfrac{1}{2}\gamma_2 h_2 + \gamma_1 h_1 + q + \dfrac{c_2 \sin(\alpha+\delta_2)}{\cos(\alpha+\delta_2)}\right]b_{12}d_{12}}{\left[\dfrac{1}{2}\gamma_2 h_2 + \gamma_1 h_1 + q + \dfrac{c_2 \sin(\alpha+\delta_2)}{\cos(\alpha+\delta_2)}\right]b_{22}d_{22} + \dfrac{c_2}{\cos(\alpha+\delta_2)}b_{22}}}$$

(4-62)

其中

$$m_{12} = b_{12} + b_{22}n_2 \tag{4-63}$$

$$m_{22} = d_{12} - d_{22}n_2 \tag{4-64}$$

$$b_{12} = \frac{h_2}{\cos\alpha \sin\varphi_2}\left[\cos(\alpha-\varphi_2) - \frac{\cos\alpha \cos(\alpha+\delta_2)}{\cos(\alpha+\delta_2+\varphi_2)}\right] \tag{4-65}$$

$$b_{22} = \frac{\cos(\alpha+\delta_2)}{\cos(\alpha+\delta_2+\varphi_2)} \tag{4-66}$$

$$d_{12} = \frac{h_2}{\cos(\alpha+\delta_2+\varphi_2)} \tag{4-67}$$

$$d_{22} = \frac{\sin\varphi_2}{\cos(\alpha + \delta_2 + \varphi_2)} \qquad (4\text{-}68)$$

若填土为两层以上，则第 i 层（$i \geq 2$）填土对支护结构的主动土压力为：

$$E_{ai} = \left[\frac{1}{2}\gamma_i h_i + \sum_{t=1}^{t=i-1}\gamma_t h_t + q + \frac{c_i \sin(\alpha + \delta_i)}{\cos(\alpha + \delta_i)}\right]\frac{m_{1i} m_{2i}}{n_i}$$

$$-\frac{h_i \cos\delta_i}{\cos\alpha \cos(\alpha + \delta_i)}(c_{wi} + c_i)\frac{m_{2i}}{n_i} - \frac{c_i}{\cos(\alpha + \delta_i)}m_{1i} + \frac{h_i \sin\alpha}{\cos\alpha \cos(\alpha + \delta_i)}(c_i + c_{wi})$$

$$(4\text{-}69)$$

式中

$$n_i = \sqrt{\frac{\dfrac{h_i \cos\delta_i}{\cos\alpha \cos(\alpha + \delta_i)}(c_{wi} + c_i)d_{1i} - \left[\dfrac{1}{2}\gamma_i h_i + \sum_{t=1}^{t=i-1}\gamma_t h_t + q + \dfrac{c_i \sin(\alpha + \delta_i)}{\cos(\alpha + \delta_i)}\right]b_{1i}d_{1i}}{\left[\dfrac{1}{2}\gamma_i h_i + \sum_{t=1}^{t=i-1}\gamma_t h_t + q + \dfrac{c_i \sin(\alpha + \delta_i)}{\cos(\alpha + \delta_i)}\right]b_{2i}d_{2i} + \dfrac{c_i}{\cos(\alpha + \delta_i)}b_{2i}}}$$

$$(4\text{-}70)$$

其中

$$m_{1i} = b_{1i} + b_{2i} n_i \qquad (4\text{-}71)$$

$$m_{2i} = d_{1i} - d_{2i} n_i \qquad (4\text{-}72)$$

$$b_{1i} = \frac{h_i}{\cos\alpha \sin\varphi_i}\left[\cos(\alpha - \varphi_i) - \frac{\cos\alpha \cos(\alpha + \delta_i)}{\cos(\alpha + \delta_i + \varphi_i)}\right] \qquad (4\text{-}73)$$

$$b_{2i} = \frac{\cos(\alpha + \delta_i)}{\cos(\alpha + \delta_i + \varphi_i)} \qquad (4\text{-}74)$$

$$d_{1i} = \frac{h_i}{\cos(\alpha + \delta_i + \varphi_i)} \qquad (4\text{-}75)$$

$$d_{2i} = \frac{\sin\varphi_i}{\cos(\alpha + \delta_i + \varphi_i)} \qquad (4\text{-}76)$$

其中 γ_i、c_i、φ_i、h_i、δ_i、c_{wi} 分别为第 i 层填土的天然重度、凝聚力、内摩擦角、厚度以及填土与墙背的外摩擦角和单位黏着力。

4.2.2 黏性土被动土压力计算的库仑数值解

以库仑土压力理论为基础解决黏性土的被动土压力计算问题，现有的方法基本是一些图解法，图解法的过程较为烦琐，且精度也略显粗糙。本节应用库仑平面滑裂面假定建立了简化的黏性土挡墙的被动土压力计算公式。

如图 4-27（a）所示挡土墙，墙体与填土参数为 α、β、δ、H、γ、q、c、c_w、φ，设当墙体发生推向填土的位移，填土的抗剪强度全部发挥时，形成图示 ABC 的滑动体。

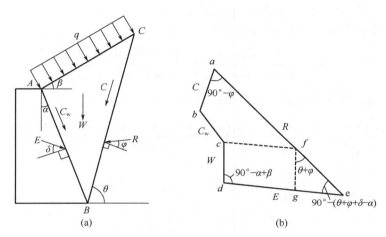

图 4-27　挡土墙被动土压力计算图

对滑动土体进行受力分析，作用力有：

① 土体自重 W_1 及填土表面超载 q 的合力 W_2，对均质黏性土，根据几何关系有：

$$W_1 = \frac{1}{2}\gamma H^2 \frac{\cos(\theta-\alpha)\cos(\alpha-\beta)}{\cos^2\alpha\sin(\theta-\beta)} \tag{4-77}$$

$$W_2 = q\frac{\cos(\theta-\alpha)\cos\beta}{\cos\alpha\sin(\theta-\beta)} \tag{4-78}$$

② BC 上的反力 R（与 W 的夹角 $\theta+\varphi$）；

③ BC 上的总凝聚力 $C = c\dfrac{H\cos(\alpha-\beta)}{\cos\alpha\sin(\theta-\beta)}$（与 R 的夹角为 $90°-\varphi$）；

④ 墙背 AB 上的总黏着力 $C_w = c_w\dfrac{H}{\cos\alpha}$（与 E 的夹角为 $90°-\delta$）；

⑤ 墙背 AB 上的反力 E（与 W 的夹角为 $\psi = 90°-\alpha+\beta$）。

将以上五个力绘成如图 4-27（b）所示的力矢多边形，de 即为被动土压力 E。为求出 E，过 c 点作 de 的平行线交 ae 于点 f，过 f 点作 cd 的平行线交

de 于点 g。由几何关系，E 可写成：

$$E = \overline{cf} + \overline{ge} \tag{4-79}$$

式中，$\overline{cf}$、$\overline{ge}$ 均可表达为 θ 的函数，$\overline{ge}$ 为无凝聚力 c 和黏着力 c_w 时的被动土压力，$\overline{cf}$ 相当于因滑裂面上的凝聚力 c 和墙背黏着力 c_w 的存在而增加的土压力。E 的极小值即为被动土压力 E_p。

由图 4-27（b），根据正弦定理：

$$\overline{ge} = \frac{W\sin(\theta+\varphi)}{\cos(\theta+\varphi+\delta-\alpha)} = \frac{(W_1+W_2)\sin(\theta+\varphi)}{\cos(\theta+\varphi+\delta-\alpha)} \tag{4-80}$$

在 △acf 中应用正弦定理，得：

$$\overline{cf} = \frac{\overline{ac}\sin(\alpha_1+\theta+\varphi-\alpha)}{\cos(\theta+\varphi+\delta-\alpha)} = \frac{\overline{ac}[\sin\alpha_1\cos(\theta+\varphi-\alpha)+\cos\alpha_1\sin(\theta+\varphi-\alpha)]}{\cos(\theta+\varphi+\delta-\alpha)} \tag{4-81}$$

应用余弦定理，得：

$$\overline{ac} = \sqrt{C^2 + C_w^2 - 2CC_w\cos(90°+\theta-\alpha)} \tag{4-82}$$

由图中几何关系，通过三角变换，得：

$$\sin\alpha_1 = \frac{C\sin(90°+\theta-\alpha)}{\overline{ac}} \tag{4-83}$$

$$\cos\alpha_1 = \frac{\overline{ac}^2 + C_w^2 - C^2}{2\overline{ac}C_w} = \frac{C_w - C\cos(90°+\theta-\alpha)}{\overline{ac}} \tag{4-84}$$

将式（4-82）～式（4-84）代入式（4-81），化简得：

$$\overline{cf} = \frac{C\cos\varphi + C_w\sin(\theta+\varphi-\alpha)}{\cos(\theta+\varphi+\delta-\alpha)} \tag{4-85}$$

将 C、C_w 表达式代入式（4-85），得：

$$\overline{cf} = \frac{cH\cos(\alpha-\beta)\cos\varphi + c_wH\sin(\theta+\varphi-\alpha)\sin(\theta-\beta)}{\cos\alpha\sin(\theta-\beta)\cos(\theta+\varphi+\delta-\alpha)} \tag{4-86}$$

将式（4-80）、式（4-86）代入式（4-79），可得被动土压力的表达式：

$$E = \frac{(W_1+W_2)\sin(\theta+\varphi)}{\cos(\theta+\varphi+\delta-\alpha)} + \frac{cH\cos(\alpha-\beta)\cos\varphi + c_wH\sin(\theta+\varphi-\alpha)\sin(\theta-\beta)}{\cos\alpha\sin(\theta-\beta)\cos(\theta+\varphi+\delta-\alpha)} \tag{4-87}$$

按被动土压力的基本原理，被动土压力应为所有可能的滑裂面倾角θ中所对应的土压力E的最小值，相应的滑裂面为真正的滑裂面，其倾角为θ_{cr}。理论上可先利用$dE/d\theta=0$，解出θ_{cr}，再代入式（4-87）得到E_p的解析式，但这样的解析式相当复杂，很难求出。本书利用式（4-87），假定不同的滑裂面试算求得E的最小值即为被动土压力E_p，同时获得真正滑裂面的倾角θ_{cr}。为方便计算，可以用 MATLAB 编写计算程序，求解该方程。

4.2.3 联合支护体系滑坡推力计算

在现有支护体系的设计中，均将滑坡推力作为抗滑结构上的外荷载，因此，滑坡推力计算是进行支护体系设计的前提条件。对于滑坡推力的计算，目前国内外普遍采用的做法是利用极限平衡理论计算每米宽滑动断面的滑坡推力，将断面两侧视为内力而不计算侧向摩阻力。

对于不同的滑动形式，原则上滑坡推力计算应与其稳定性分析方法保持一致，这样计算的滑坡推力和相应的稳定系数才能对应。在用极限平衡法分析边坡的稳定性时，根据条间力的不同假定有各种不同的稳定性计算方法，所以也就有计算滑坡推力的各种假定和算法。根据常见的滑动面形式，在此将其分为以下 5 种情况并提出相应的滑坡推力计算方法[47,48]：①滑面为单一平面；②滑面为圆弧面或可近似为圆弧面，在这种类型的滑坡中，考虑其整体的力矩平衡起主要控制作用，在其滑坡推力计算中，可采用计算简便的简化 Bishop 法；③滑面由一些倾角较缓、相互间变化不大的折线段组成时，起主要控制作用的是力的平衡，其滑坡推力的计算可采用传递系数法；④滑面为连续的曲面或由不规则的折线段组成时，可采用 Janbu 法计算滑坡推力；⑤滑面倾角较陡且滑动时滑体有明显的分块、各分块之间发生错动时，其滑坡推力计算可采用分块极限平衡法。

上述滑坡推力计算方法，各有其适用条件，对于特定的工程，应选择适合工程实际的分析计算方法。本研究以一种考虑土条周边的水压力和水重的新方法对上述方法做了改进。

4.2.3.1 滑面为单一平面时的滑坡推力计算

一般散体结构、破碎状结构的坡体或顺层岩坡，易形成这种滑面。如图 4-28 滑坡体$\triangle ABC$沿滑面AC滑动，滑体重量为W，滑面AC的长度为L，倾角为α。设滑面岩土的凝聚力、内摩擦角为c、φ，则边坡稳定系数为：

$$K_0 = \frac{cL + W\cos\alpha\tan\varphi}{W\sin\alpha} \qquad (4-88)$$

滑坡体产生的推力为：

$$E = W\sin\alpha - \frac{cL + W\cos\alpha \tan\varphi}{K} \quad (4\text{-}89)$$

式中，K 为设计所需的安全系数。

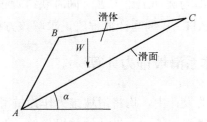

图 4-28　滑面为单一平面的滑坡

4.2.3.2　滑坡推力计算的传递系数法的改进

（1）土条边界上的静水压力计算[49]

从坡体中任意取一土条，如图 4-29，浸润线近似按直线考虑，W_{2w} 为浸润线以下土条中水的重力；P_a 为 AB 边静水压力的合力，P_b 为 CD 边静水压力的合力，U 为 CB 边静水压力的合力。根据流线与等势线垂直的流网性质，如图 4-30 做 BE 和 CG 垂直于浸润线（流线），做 GH 垂直于 CD，EF 垂直于 AB，则 BF 和 CH 分别为 B 点和 C 点的水头，由几何关系得：

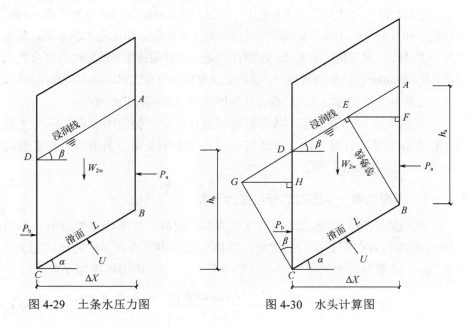

图 4-29　土条水压力图　　　　图 4-30　水头计算图

$$\overline{BF} = h_a \cos^2 \beta \tag{4-90}$$

$$\overline{CH} = h_b \cos^2 \beta \tag{4-91}$$

则边界 AB、CD 上的水压力的合力分别为：

$$P_a = \frac{1}{2} \gamma_w h_a^2 \cos^2 \beta \tag{4-92}$$

$$P_b = \frac{1}{2} \gamma_w h_b^2 \cos^2 \beta \tag{4-93}$$

滑动面 BC 上的水压力的合力为：

$$U = \frac{\gamma_w (h_a + h_b) L}{2} \cos^2 \beta \tag{4-94}$$

该力在竖向和水平向的分量为：

$$U_x = \frac{\gamma_w (h_a + h_b) L}{2} \cos \alpha \cos^2 \beta \tag{4-95}$$

$$U_y = \frac{\gamma_w (h_a + h_b) L}{2} \sin \alpha \cos^2 \beta \tag{4-96}$$

土条中的水重为：$W_{2w} = \dfrac{\gamma_w (h_a + h_b) L}{2} \cos \alpha$，令 $h_w = \dfrac{h_a + h_b}{2}$

则：

$$W_{2w} = \gamma_w h_w L \cos \alpha \tag{4-97}$$

$$P_a - P_b = \gamma_w h_w (h_a - h_b) \cos^2 \beta \tag{4-98}$$

$$U_x = \gamma_w h_w L \sin \alpha \cos^2 \beta \tag{4-99}$$

$$U_y = \gamma_w h_w L \cos \alpha \cos^2 \beta \tag{4-100}$$

土条中静水压力在滑动面及其垂直方向上的合力为：

$$T_w = (W_{2w} - U_y) \sin \alpha + (P_a - P_b + U_x) \cos \alpha = D \cos(\beta - \alpha) \tag{4-101}$$

$$N_w = (W_{2w} - U_y) \cos \alpha - (P_a - P_b + U_x) \sin \alpha = D \sin(\beta - \alpha) \tag{4-102}$$

式中，$D = \gamma_w h_w L \cos \alpha \sin \beta$。

由式（4-101）和式（4-102）可知，土条周边的水压力和水重可用一个力 D 来替代，如图 4-31 所示。

（2）传递系数法的改进

对于滑面由一些倾角较缓、相互间变化不大的折线段组成的滑坡，其滑坡推力的计算可采用计算简便的传递系数法，又称不平衡推力传递法。该法在目前国内工程设计中最为常用，在相关的规范中也将其作为计算作用于抗滑桩上的滑坡推力的方法[50-52]。

假定条间力的作用方向与上一土条的滑面方向平行，用 D_i 代替土条中水重及周边静水压力，计算简图如图 4-32 所示。由静力平衡条件得：

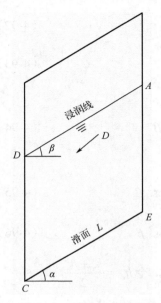 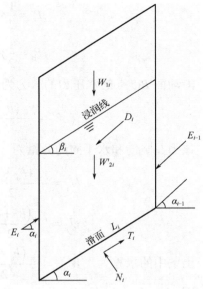

图 4-31　水压力计算简图　　　　图 4-32　改进传递系数法滑坡推力计算简图

$$N_i = (W_{1i} + W'_{2i})\cos\alpha_i + E_{i-1}\sin(\alpha_{i-1} - \alpha_i) - D_i\sin(\alpha_i - \beta_i) \quad (4\text{-}103)$$

$$T_i = (W_{1i} + W'_{2i})\sin\alpha_i + E_{i-1}\cos(\alpha_{i-1} - \alpha_i) + D_i\cos(\alpha_i - \beta_i) - E_i$$

$$(4\text{-}104)$$

由摩尔库仑强度准则得

$$T_i = [c_i L_i + N_i \tan\varphi_i]/F_s \quad (4\text{-}105)$$

联立式（4-103）、式（4-104）、式（4-105），可得：

$$\begin{aligned}
E_i &= (W_{1i} + W'_{2i})\sin\alpha_i + D_i\cos(\alpha_i - \beta_i) + E_{i-1}\cos(\alpha_{i-1} - \alpha_i) \\
&\quad - [c_i l_i + (W_{1i} + W'_{2i})\cos\alpha_i - D_i\sin(\alpha_i - \beta_i) + E_{i-1}\sin(\alpha_{i-1} - \alpha_i)\tan\varphi_i]/F_s \\
&= (W_{1i} + W'_{2i})\sin\alpha_i + D_i\cos(\alpha_i - \beta_i) \\
&\quad - [c_i l_i + (W_{1i} + W'_{2i})\cos\alpha_i - D_i\sin(\alpha_i - \beta_i)\tan\varphi_i]/F_s \\
&\quad + E_{i-1}[\cos(\alpha_{i-1} - \alpha_i) - \sin(\alpha_{i-1} - \alpha_i)\tan\varphi_i/F_s]
\end{aligned}$$

$$(4\text{-}106)$$

令传递系数为

$$\psi_i = \cos(\alpha_{i-1} - \alpha_i) - \sin(\alpha_{i-1} - \alpha_i)\tan\varphi_i / F_s \quad (4\text{-}107)$$

则

$$E_i = (W_{1i} + W'_{2i})\sin\alpha_i + D_i\cos(\alpha_i - \beta_i) \\ - [c_i l_i + (W_{1i} + W'_{2i})\cos\alpha_i - D_i\sin(\alpha_i - \beta_i)\tan\varphi_i] / F_s + E_{i-1}\psi_{i-1}$$

$$(4\text{-}108)$$

（3）滑坡推力计算 Janbu 法的改进

滑面为连续的曲面或由不规则的折线段组成时，宜采用 Janbu 法计算滑坡推力。如图 4-33 所示，由平衡条件 $\Sigma_{x=0}$、$\Sigma_{y=0}$、$\Sigma_{M=0}$ 可得：

$$E_{i+1} - E_i - N_i\sin\alpha_i + S_i\cos\alpha_i + Q_{hi} = 0 \quad (4\text{-}109)$$

$$T_{i+1} - T_i + N_i\cos\alpha_i + S_i\sin\alpha_i - Q_{vi} = 0 \quad (4\text{-}110)$$

$$M_i + E_{i+1}\left(h_{t_{i+1}} - \frac{\Delta h_i}{2}\right) - E_i\left(h_{t_i} + \frac{\Delta h_i}{2}\right) + (T_{i+1} + T_i)\frac{b_i}{2} = 0 \quad (4\text{-}111)$$

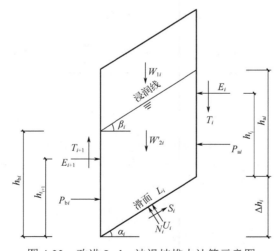

图 4-33　改进 Janbu 法滑坡推力计算示意图

式中，$Q_{hi} = P_{bi} - P_{ai} - U_{xi}$；$Q_{vi} = W_{1i} - W'_{2i} + Ww_{2i} - U_{yi}$；$M_i = P_{bi}\left(\dfrac{h_{bi}}{3} - \dfrac{\Delta h_i}{2}\right) - P_{ai}\left(\dfrac{h_{ai}}{3} + \dfrac{\Delta h_i}{2}\right) - \dfrac{\gamma_w(h_{ai} - h_{bi})}{12}L_i^2\cos^2\beta_i$。

由摩尔库仑强度准则,得:

$$S_i = \left[c_i L_i + N_i \tan\varphi_i\right] / F_s \tag{4-112}$$

由式(4-109)和式(4-112),得:

$$T_{i+1} = T_i - \left[N_i \cos\alpha_i + (c_i L_i + N_i \tan\varphi_i)\sin\alpha_i / F_s - Q_{vi}\right] \tag{4-113}$$

将式(4-113)代入式(4-111),化简可得:

$$T_i = \frac{E_i\left(h_{t_i} + \frac{\Delta h_i}{2}\right) - E_{i+1}\left(h_{t_{i+1}} - \frac{\Delta h_i}{2}\right) - M_i}{b_i}$$

$$+ \frac{N_i \cos\alpha_i + (c_i L_i + N_i \tan\varphi_i)\sin\alpha_i / F_s - Q_{vi}}{2}$$

$$\tag{4-114}$$

将式(4-112)代入式(4-109),化简可得:

$$E_{i+1} = E_i + N_i \sin\alpha_i - (c_i L_i + N_i \tan\varphi_i)\cos\alpha_i / F_s - Q_{hi} \tag{4-115}$$

将式(4-115)代入式(4-114),整理得:

$$N_i = \frac{F_s A_i - c_i L_i \left[\frac{\cos\alpha_i}{b_i}\left(h_{t_{i+1}} - \frac{\Delta h_i}{2}\right) + \frac{\sin\alpha_i}{2}\right]}{F_s B_i} \tag{4-116}$$

式中

$$A_i = T_i + \frac{Q_{vi}}{2} + \frac{M_i - E_i\left(h_{t_i} + \frac{\Delta h_i}{2}\right) + (E_i - Q_{hi})\left(h_{t_{i+1}} - \frac{\Delta h_i}{2}\right)}{b_i}$$

$$B_i = \frac{\cos\alpha_i}{2} - \frac{\sin\alpha_i}{b_i}\left(h_{t_{i+1}} - \frac{\Delta h_i}{2}\right) + \frac{\tan\varphi_i}{F_s}\left[\frac{\cos\alpha_i\left(h_{t_{i+1}} - \frac{\Delta h_i}{2}\right)}{b_i} + \frac{\sin\alpha_i}{2}\right]$$

将(4-116)分别代入式(4-113)、式(4-115)可求出 T_{i+1}、E_{i+1}。

(4)滑坡推力计算的分块极限平衡方法的改进

滑面倾角较陡且滑动时滑体有明显的分块、各分块之间发生错动时,其滑坡推力计算可采用分块极限平衡法。仍用 D_i 代替土条中水重及周边静水压力，计算简图如图 4-34 所示。

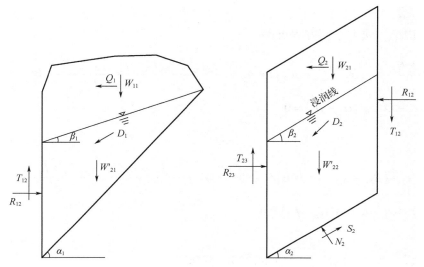

图 4-34　改进分块极限平衡法滑坡推力计算简图

由第一块力平衡方程 $\Sigma_{x=0}$、$\Sigma_{y=0}$ 得：

$$\frac{c_1l_1+N_1f_1}{F_s}+(R_{12}-Q_1)\cos\alpha_1+\left(\frac{c_{12}l_{12}+R_{12}f_{12}}{F_s}-W_{11}-W'_{21}\right)$$
$$\times\sin\alpha_1-D_1\cos(\alpha_1-\beta_1)=0$$

（4-117）

$$N_1-(R_{12}-Q_1)\sin\alpha_1-\left(W_{11}+W'_{21}-\frac{c_{12}l_{12}+R_{12}f_{12}}{F_s}\right)\cos\alpha_1-D_1\sin(\alpha_1-\beta_1)=0$$

（4-118）

联立式（4-117）和式（4-118），整理可得：

$$R_{12}=\frac{A_1-B_1}{C_1} \qquad (4-119)$$

$$T_{12}=\frac{c_{12}l_{12}+R_{12}f_{12}}{F_s} \qquad (4-120)$$

$$A_1=\left[Q_1\sin\alpha_1-\left(W_{11}+W'_{21}-\frac{c_{12}l_{12}}{F_s}\right)\cos\alpha_1-D_1\sin(\alpha_1-\beta_1)\right]\frac{f_1}{F_s}$$

$$B_1=\frac{c_1l_1}{F_s}-Q_1\cos\alpha_1+\left(\frac{c_{12}l_{12}}{F_s}-W_{11}-W'_{21}\right)\sin\alpha_1-D_1\cos(\alpha_1-\beta_1)$$

$$C_1 = \left(\sin\alpha_1 - \frac{f_{12}}{F_s}\cos\alpha_1\right)\frac{f_1}{F_s} + \cos\alpha_1 + \frac{f_{12}}{F_s}\sin\alpha_1$$

由第二块力平衡方程可得：

$$\frac{c_2 l_2 + N_2 f_2}{F_s} + (R_{23} - Q_2 - R_{12})\cos\alpha_2 + \left(\frac{c_{23}l_{23} + R_{23}f_{23}}{F_s} - \frac{c_{12}l_{12} + R_{12}f_{12}}{F_s} - W_{21} - W_{22}'\right)$$
$$\sin\alpha_2 - D_2 \cos(\alpha_2 - \beta_2) = 0$$

(4-121)

$$N_2 - (R_{23} - R_{12} - Q_2)\sin\alpha_2 - \left(W_{21} + W_{22}' - \frac{c_{23}l_{23} + R_{23}f_{23}}{F_s} + \frac{c_{12}l_{12} + R_{12}f_{12}}{F_s}\right)$$
$$\cos\alpha_2 - D_2 \sin(\alpha_2 - \beta_2) = 0$$

(4-122)

联立式（4-121）和式（4-122），整理得：

$$R_{23} = \frac{A_2 - B_2}{C_2} \tag{4-123}$$

$$A_2 = \left[(R_{12} + Q_2)\sin\alpha_2 - \left(W_{21} + W_{22}' - \frac{c_{23}l_{23}}{F_s} + \frac{c_{12}l_{12} + R_{12}f_{12}}{F_s}\right)\right.$$
$$\left.\times\cos\alpha_2 - D_2\sin(\alpha_2 - \beta_2)\right]\frac{f_2}{F_s}$$

$$B_2 = \frac{c_2 l_2}{F_s} - (Q_2 + R_{12})\cos\alpha_2 + \left(\frac{c_{23}l_{23}}{F_s} - \frac{c_{12}l_{12} + R_{12}f_{12}}{F_s} - W_{21} - W_{22}'\right)$$
$$\times\sin\alpha_2 - D_2\cos(\alpha_2 - \beta_2)$$

$$C_2 = \left(\sin\alpha_2 - \frac{f_{23}}{F_s}\cos\alpha_2\right)\frac{f_2}{F_s} + \cos\alpha_2 + \frac{f_{23}}{F_s}\sin\alpha_2$$

同理，可得第 i 块对 $i+1$ 块的作用力为：

水平向力：
$$R_{i,i+1} = \frac{A_i - B_i}{C_i} \tag{4-124}$$

切向力：
$$T_{i,i+1} = \frac{c_{i,i+1}l_{i,i+1} + R_{i,i+1}f_{i,i+1}}{F_s} \tag{4-125}$$

式中：

$$A_i = \left[\left(R_{i-1,i} + Q_i\right)\sin\alpha_i - \left(W_{i1} + W'_{i2} - \frac{c_{i,i+1}l_{i,i+1}}{F_s} + \frac{c_{i-1,i}l_{i-1,i} + R_{i-1,i}f_{i-1,i}}{F_s}\right) \right.$$
$$\left. \times \cos\alpha_i - D_i \sin(\alpha_i - \beta_i) \right] \frac{f_i}{F_s}$$

$$B_i = \frac{c_i l_i}{F_s} - \left(Q_i + R_{i-1,i}\right)\cos\alpha_i + \left(\frac{c_{i,i+1}l_{i,i+1}}{F_s} - \frac{c_{i-1,i}l_{i-1,i} + R_{i-1,i}f_{i-1,i}}{F_s} - W_{i1} - W'_{i2}\right)$$
$$\times \sin\alpha_i - D_i \cos(\alpha_i - \beta_i)$$

$$C_i = \left(\sin\alpha_i - \frac{f_{i,i+1}}{F_s}\cos\alpha_i\right)\frac{f_i}{F_s} + \cos\alpha_i + \frac{f_{i,i+1}}{F_s}\sin\alpha_i$$

（5）滑坡推力计算简化 Bishop 法的改进

对于滑面为圆弧面或接近于圆弧面，滑坡推力计算宜采用简化 Bishop 法，下面介绍考虑土条及其边界上水的作用力来推求滑坡推力计算简化 Bishop 法的计算表达式，如图 4-35 和图 4-36 所示。

① 改进简化 Bishop 法

根据各条块的竖向力平衡方程

$$T_i - T_{i+1} - N_i \cos\alpha_i - S_i \sin\alpha_i + Q_{vi} = 0 \quad (4\text{-}126)$$

式中，$Q_{vi} = W_{1i} + W'_{2i} + W_{2wi} - U_{yi}$。

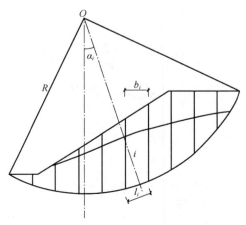

图 4-35　Bishop 法条分示意图

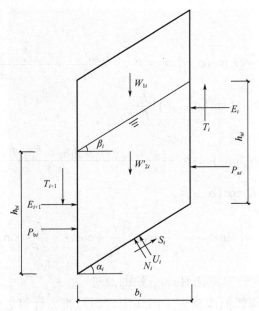

图 4-36 改进简化 Bishop 法中条块受力图

根据摩尔-库仑强度准则

$$S_i = \frac{c_i l_i}{F_s} + \frac{N_i f_i}{F_s} \tag{4-127}$$

其中，$f_i = \tan\varphi_i$；c_i、φ_i 分别为滑面土体的凝聚力和内摩擦角。

将式（4-127）代入式（4-126），得：

$$T_i - T_{i+1} - N_i \cos\alpha_i - \left(\frac{N_i f_i}{F_s} + \frac{c_i l_i}{F_s}\right)\sin\alpha_i + Q_{vi} \tag{4-128}$$

则

$$N_i = \frac{(T_i - T_{i+1}) - \dfrac{c_i l_i}{F_s}\sin\alpha_i + Q_{vi}}{\cos\alpha_i + \dfrac{f_i \sin\alpha_i}{F_s}} \tag{4-129}$$

令

$$m_{ai} = \cos\alpha_i + \frac{f_i \sin\alpha_i}{F_s} \tag{4-130}$$

则

$$N_i = \frac{1}{m_{ai}}\left[(T_i - T_{i+1}) - \frac{c_i l_i}{F_s}\sin\alpha_i + Q_{vi}\right] \tag{4-131}$$

根据平衡时各条块对转动圆心的力矩之和等于零，此时各条块间侧向水平力（包括侧向的水压力）对转动中心的力矩可相互抵消，可得：

$$\sum (W_{1i} + W'_{2i}) R \sin \alpha_i - \sum S_i R + \sum Q_i z_i + \sum M_{wi} = 0 \quad (4\text{-}132)$$

式中：

$$M_{wi} = W_{2wi} R \sin \alpha_i + \frac{\gamma_w (h_{ai} - h_{bi})}{2} \cos^2 \beta_i \times \frac{b_i}{\cos \alpha_i}$$

$$\times \sin \alpha_i \times \left[R \cos \alpha_i - \frac{b_i}{6 \cos \alpha_i} \times \sin \alpha_i \right]$$

$$- \frac{\gamma_w (h_{ai} - h_{bi})}{2} \cos^2 \beta_i \times \frac{b_i}{\cos \alpha_i}$$

$$\times \cos \alpha_i \times \left[R \sin \alpha_i + \frac{b_i}{6 \cos \alpha_i} \times \cos \alpha_i \right]$$

$$= W_{2wi} R \sin \alpha_i - \frac{\gamma_w (h_{ai} - h_{bi})}{2} \cos^2 \beta_i \times \frac{b_i^2}{6 \cos^2 \alpha_i}$$

将式（4-127）、式（4-131）代入式（4-132），整理得：

$$F_s = \frac{\sum \frac{1}{m_{ai}} \left[c_i b_i + (T_i - T_{i+1} + Q_{vi}) f_i \right]}{\sum (W_{1i} + W'_{2i}) \sin \alpha_i + \sum Q_i \frac{z_i}{R} + \sum \frac{M_{wi}}{R}} \quad (4\text{-}133)$$

若设 $(T_i - T_{i+1}) = 0$，可得简化 Bishop 法的表达式

$$F_s = \frac{\sum \frac{1}{m_{ai}} (c_i b_i + Q_{vi} f_i)}{\sum (W_{1i} + W'_{2i}) \sin \alpha_i + \sum Q_i \frac{z_i}{R} + \sum \frac{M_{wi}}{R}} \quad (4\text{-}134)$$

② 滑坡推力计算

简化 Bishop 法分析设桩后边坡稳定时，可考虑桩在滑面处的剪力使边坡土体抗滑力矩增加，则：

$$\sum (W_{1i} + W_{2i}) R \sin \alpha_i - \sum S_i R + \sum Q_i z_i + \sum M_{wi} - Q_z R \cos \alpha_z = 0 \quad (4\text{-}135)$$

得到安全系数的表达式（条间水平力不计）：

$$F_s = \frac{\sum \frac{1}{m_{ai}} \left[c_i b_i + Q_{vi} f_i \right]}{\sum (W_{1i} + W'_{2i}) \sin \alpha_i + \sum Q_i \frac{z_i}{R} + \sum \frac{M_{wi}}{R} - Q_z \cos \alpha_z} \quad (4\text{-}136)$$

式中，Q_z 为桩在滑面处的水平剪力；α_z 为桩在滑面处的倾角。

则

$$Q_z = \frac{F_s\left[\sum(W_{1i}+W'_{2i})\sin\alpha_i + \sum Q_i\dfrac{z_i}{R} + \dfrac{\sum M_{wi}}{R}\right] - \sum\dfrac{1}{m_{ai}}(c_i l_i + Q_{vi} f_i)}{F_s \cos\alpha_z}$$

(4-137)

式中，F_s 为设桩后设计安全系数，Q_z 为设桩后坡体达到所需的安全系数时，桩在滑面处应提供的剪力值，而不是作用于桩上的滑坡推力，滑坡推力值可用下述方法计算。

如图 4-37 所示，桩后条块编号为 j，桩前的条块编号为 $j+1$，设桩给 $j+1$ 条块的作用力为 E_B，作用方向与桩位处滑面平行，作用点的位置可根据不同土质假设不同的滑坡推力分布来确定，考虑 E_B 的值，则设桩后桩前滑体安全系数为 F_s 时有：

$$\sum_{j+1}^{n}(W_{1i}+W'_{2i})R\sin\alpha_i + \sum_{j+1}^{n}Q_i z_i + \sum_{j+1}^{n}M_{wi} - E_B R_1 = \sum_{j+1}^{n}S_i R \quad (4\text{-}138)$$

式中，R_1 为 E_B 到圆心的旋转半径，其余符号同前。

将式（4-127）、式（4-131）代入式（4-138），整理得：

$$E_B = \sum_{j+1}^{n}\frac{1}{m_{ai}}[c_i b_i + Q_{vi} f_i] - F_s\left[\sum_{j+1}^{n}(W_{1i}+W'_{2i})\sin\alpha_i + \sum_{j+1}^{n}Q_i\frac{z_i}{R} + \sum_{j+1}^{n}\frac{M_{wi}}{R}\right]$$

(4-139)

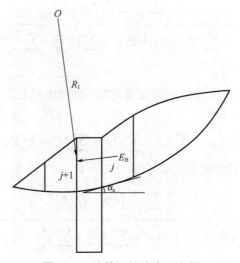

图 4-37　计算滑坡推力示意图

因桩所受的滑坡推力与桩前坡体抗力和桩在滑动面处的水平向内力应保持平衡，则滑坡推力 E 可按下式计算：

$$E = Q_z + E_B \cos\alpha_z \tag{4-140}$$

4.3 边坡与联合支护体系耦合关系分析

拱形多结构联合支护体系是一种多次超静定的空间结构，在滑坡推力作用下，处于一种复杂应力状态，其拉、压、弯曲、扭转变形都比较显著，只能以原型与模型之间的几何相似关系和桩土间应力协调基本要求为主来推导其相似准则，同时兼顾模型桩与原型桩之间的应变相似。

拱形多结构联合支护体系所受的力有三个：①滑坡所产生的滑坡推力 F_s；②桩后滑体土作用的土压力 E（$E_a \leq E \leq E_p$）；③由于前二者的作用，滑床土对桩的反力，即滑床土抗力 K。

作用在抗滑体系上的滑坡推力随着后缘堆载量的增大而增大，直至桩体发生破坏瞬间的滑坡推力理论极限值 F_{sc}。假使该极限值 F_{sc} 与桩后滑体土作用的被动土压力 E_p 在桩体上的分布形式相同，那么该极限值 F_{sc} 就应当满足 $F_{sc} \leq E_p$，否则在拱形多结构联合支护体系发生破坏之前，滑体土就会发生挤出破坏。而且，在上述过程中，滑体土和滑床土的压缩变形量不能过大，应处于弹性压缩阶段，否则试验数据可能会产生畸变。

这就是桩墙结构体系与滑体土间应力协调的基本要求，是桩墙体系与土间应力协调的一个方面，另一方面是桩墙体系与滑床土之间的应力协调，这方面和桩墙体系与滑体土的应力协调类似。

桩墙结构体系与滑体土及滑床土之间的应力协调的求解，需假设使模型桩发生破坏的滑坡推力极限值 F_{sc} 在桩墙结构体系上与滑体向前位移过程中受到桩墙结构约束而产生的被动土压力 E_p 具有相同的分布形式，二者之间应该满足：

$$nF_{sc} \leq E_p, n > 1 \tag{4-141}$$

式中：

$$E_p = \frac{1}{2}\gamma h^2 K_p + 2Ch\sqrt{K_p} \tag{4-142}$$

$$K_p = \tan^2\left(45° + \frac{\varphi}{2}\right) \tag{4-143}$$

4.4 小结

① 本章主要提出了拱形多结构联合支护体系（抗滑桩+挡土墙+连系梁+约束支座），将桩墙简化为一体结构，分析了其工作原理及受力优势。根据径向布桩与滑向布桩，分别分析推导了拱形连系梁内力，即剪力、轴力、竖直平面内弯矩、扭矩及水平面内弯矩理论计算公式；并在连系梁约束力及滑坡推力作用下，分析了桩墙结构体系顶位移及转角，得出了桩墙结构体系内力及位移计算公式；最后根据桩顶与拱形连系梁的位移协调条件，建立了典型方程，并通过计算柔度系数，求解出桩墙结构体系顶与连系梁之间的约束冗力，根据冗力即可计算拱形连系梁的内力及抗滑桩内力及位移。

② 基于库仑理论的平面滑裂面假设，考虑滑裂面上填土凝聚力及填土与挡土墙墙背接触面上黏着力，对黏性土主动土压力的库仑精确解算法进行改进。改进的库仑精确解算法对超载的处理及裂缝深度的计算更简单；对按不考虑填土表面出现裂缝的情况，只需取 $Z_0=0$，计算公式与按出现裂缝情况完全相同。公式计算简便，精度可靠，易于在工程中推广应用。

③ 提出了黏性成层填土挡墙及膨胀土挡墙主动土压力计算的库仑精确解算法；提出了黏性填土被动土压力计算的库仑数值解算法。

④ 研究了滑坡与抗滑支护体系相互耦合作用，分析了满足桩墙体系与土间及滑床土间的应力协调基本要求，推导了抗滑桩墙结构体系的控制弯矩，确定了弹性模量和抗压强度的求解方法。

第5章 拱形多结构联合支护体系的现场测试与验证

为了研究拱形多结构联合支护体系特性和边坡岩土体的物理力学特性，本书选取了贵阳某环形车道拱形边坡支护结构施工现场，对拱形边坡支护结构的变形进行现场监测，采用第4章的边坡岩土体变形本构模型，基于华南理工大学建筑设计研究院有限公司的数值模拟程序和模拟结果，验证边坡稳定性应力应变本构模型计算结果的正确性。

5.1 工程背景

5.1.1 概述

该工程位于贵阳市某开发楼盘，为一环形车道边坡的永久性边坡支护结构，拱形支护结构安全等级为一级。支护结构重要性系数 $\gamma_0 = 1.1$。边坡最大开挖高度为28m。

本工程边坡支护采用了"桩-拱挡土连续墙逆作施工工法"（见附录）。"拱形钢筋混凝土挡土墙"分成3个区段分别施工，两端各约16.1m长区段为拱结构的约束抗滑桩，要求在土方开挖前采用人工开挖、小型水磨钻取芯掘进的施工方法进行施工；中间约60.5m长区段结合土方开挖采用逆作法施工，开挖挡土墙前每隔2.52m制作 ϕ325 钢管柱作为支撑，在挡土墙面每2.0m×1.5m处采用锚杆对开挖临界滑移面进行固结与裂缝填充，桩-拱挡土连续墙逆作施工工法在项目上应用的图片如图5-1所示。

图 5-1　桩-拱挡土连续墙逆作施工现场

5.1.2　现场地质环境条件

（1）地形条件

场地属溶蚀性低中山地貌，场地因施工开挖，地形较复杂。场地东侧为绕城高速，西侧为河流，场地范围内无管网及架空天线通过，工程环境简单。

（2）地层岩性

根据区域地质资料及现场踏勘，拟建场地位于北东向的某背斜西侧倾伏端的南翼，场区内地层为志留系高寨田组石灰岩、泥灰岩。场区内岩石节理裂隙较发育。场区内岩体较破碎，岩层总体呈单斜产出。场地内岩层产状为 255°∠13°。层间充填物为泥质充填或泥质夹岩屑充填，厚度为 1～5mm。岩体竖向节理裂隙发育，节理面线密度 2～5 条/m，延伸长度长，最长约为 8m，张开度大于 3mm，呈闭合或张开状，泥质充填。节理面结合很差。

据场地平场开挖及钻探揭露，拟建场地岩土主要由素填土、硬塑红黏土及下伏志留系高寨田群（Sgz）薄至中厚层泥灰岩、厚层至块状石灰岩组成。通过岩心观察及室内试验鉴别，岩土特征自上而下分述如下：

素填土（Q^{ml}）：杂色，由黏土、碎石、块石组成，硬质含量占总量的 60%，填土结构稍密。

硬塑红黏土（Q^{el+dl}）：褐黄色，场区内分布不连续，呈透镜状产出，块状结构，结构中密，内含少量强风化团块。

志留系高寨田群（Sgz）中厚层状泥灰岩：灰色、青灰色，节理裂隙较发育，节理面多为泥质充填或泥质夹岩屑充填，岩体较破碎，岩心呈碎块状、短柱状、柱状，失水后易崩解。

志留系高寨田群（Sgz）厚层至块状石灰岩：灰色、灰黑色，节理裂隙较发育，节理面多为泥质充填，少量为钙质胶结，岩心表面见大量方解石脉，岩体较破碎，岩心呈柱状，长柱状。

（3）水文地质特征

① 地表水

场地西侧 55～80m 处为河流，河水水位标高约为 1023m，场地台地最低点标高高于河水水位标高约 11m，场地排水条件总体较好，场地地表水量主要受大气降水影响，场地内原始地形存在冲沟，汇水面积约 800m^2，雨季降雨量较大时会造成坡面积水，地表水对边坡稳定性存在较大影响。地表水径流方向由东至西，除河流外，场地内未见泉点、井水出露。

② 地下水

场地地下水类型主要有上层滞水与基岩裂隙水及岩溶水，叙述如下：上层滞水主要赋存于松散层中，水量较小，水位、水量具明显季节特征，丰枯季水量差异较大，范围较小，富水性较弱。主要为大气降水的补给，水量随季节变化。

基岩裂隙水：场地地势相对河流较高，由于岩体节理裂隙发育，地下水埋深较深，钻孔深度范围内未测到地下水位标高，地下水径流方向为东至西流动，通过基岩裂隙排泄至河流，场地内地下水的主要补给来源为大气降水。

岩溶水：场地内岩体存在岩溶管道，场地内地下水沿岩溶管道流动，进入基岩裂隙或直接通过岩溶管道排泄至河流。

5.2 测点布置

本试验是对拱形多结构联合支护体系变形特性和边坡稳定性进行的现场测试。主要对环形挡土墙地表水平位移、垂直位移进行监测。同时通过监测滑坡体是否存在变形及变形趋势，进行超前预报。主要是在拱形挡土墙的连系梁上布设 5 个监测点，对拱形挡土墙的位移和沉降进行监测。具体监测点布置图如图 5-2 所示。

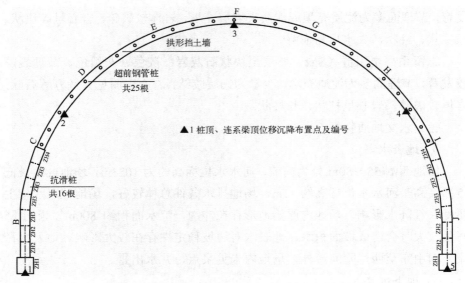

图 5-2 桩-拱挡土连续墙位移和沉降监测点布置图

5.3 理论模型试验验证

5.3.1 实际施工过程及模拟

根据施工方案，施工过程共分 8 步进行[53]，施工过程数值模拟见图 5-3。

第 1 步：施工两端的人工挖孔支护桩、中间区段的钢管柱。人工挖孔支护桩、钢管柱均进入坡底中风化岩 10m，平整后坡顶距坡底最高 28m，见图 5-3（a）。

第 2 步：施工第 1 层连续墙。从坡顶往下开挖 5.0m 的土方，利用钢管柱作为支撑，单侧支模板施工钢筋混凝土连续墙，连续墙纵筋底部预留钢筋连接器与下层连续墙纵筋连接，见图 5-3（b）。此时连续墙与两侧已施工区段未形成闭合的拱，在支护结构侧面增加间距 2.52m×1.5m、长度 12m 的土钉以维持施工过程的边坡稳定。

第 3 步：施工第 2 层连续墙。按照逆作法施工顺序，继续往下开挖 3.0m 的土方，连续墙纵筋通过钢筋连接器与上段纵筋连接，单侧支模板施工钢筋混凝土连续墙，连续墙纵筋底部预留钢筋连接器，见图 5-3（c）。

第 4~8 步：施工第 3~7 层连续墙。分段重复以上施工步骤，每层开挖深度为3.0m，第4步完成后连续墙与两侧区段开始形成闭合的拱，见图5-3（d）。

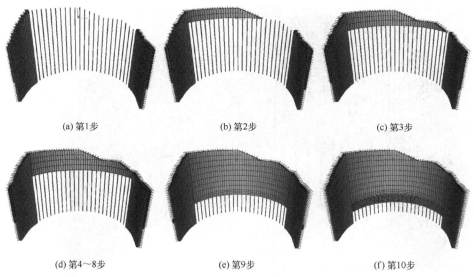

图 5-3　施工过程数值模拟示意图[53]

第9步：施工第8层连续墙。重复以上施工步骤，此步骤完成后连续墙底部离坡底距离为2m，见图5-3（e）。

第10步：施工第9、10层连续墙。当开挖土方至边坡底时，预留2.0m的空间（第9层）暂不施工，然后继续开挖至边坡底以下3.0m（第10层），绑扎连续墙钢筋后一并浇筑底部的钢筋混凝土连续墙。此时，边坡支护结构整体组装完成，见图5-3（f）。

5.3.2　主要结果及分析

根据华南理工大学建筑设计研究院有限公司的数值模拟程序和模拟结果[53-54]，基于第4章的本构理论模型，对施工过程进行数值模拟，将数值模拟计算得到的位移结果与实际施工过程中的监测结果进行对比，验证本文所使用的边坡岩土体应力应变本构模型的正确性。

（1）施工过程的数值模拟[53]

基于第4章的本构理论模型，对施工过程进行数值模拟，施工完成后的支护结构的变形及内力见图5-4～图5-6。

① 施工过程支护结构的最大位移：X向24.6mm（面内），Y向−45.0mm（面外指向边坡临空面），竖向−8.3mm（向下），均发生在支护结构的中部，

见图 5-4（a）。

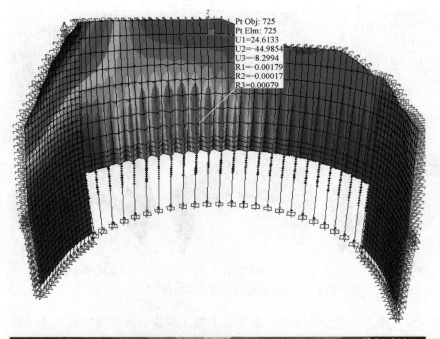

(a) 支护结构变形幅值

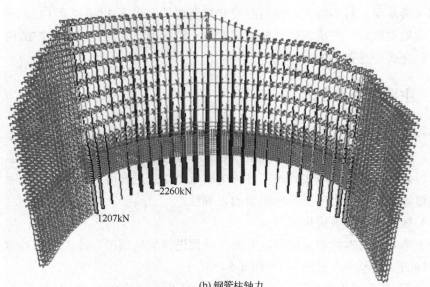

(b) 钢管柱轴力

图 5-4 支护结构变形及钢管柱轴力[53]

② 钢管柱最大轴压力为-2260kN，最大轴拉力为1207kN［图5-4（b）］，钢管柱承载力满足要求。本支护结构为非完全对称拱，在支护结构施工及使用过程中，其整体受力类似于一个悬臂构件。在土压力产生的整体弯矩作用下，受拉侧的钢管产生拉力，当在整体弯矩作用下钢管拉力大于连续墙自重作用下钢管产生的压力时钢管处于受拉状态。

③ 中间区段水平方向内力：绝大部分区域为轴压力，最大值-6522kN/m。水平方向的局部弯矩最大值发生在施工完成后，为596kN·m/m，此时同一位置水平轴压力为-2184kN/m，按压弯构件验算，实配钢筋满足承载力要求。

局部轴拉力发生在顶面左上角，最大拉力为2203kN/m，此时同一位置水平弯矩180kN·m/m，施工图中在剪力墙顶设高度1m的连系梁，按拉弯构件验算，实配钢筋满足承载力要求。

④ 中间区段竖直方向内力：受分段施工影响中间局部区域竖向轴力为拉力，最大363kN/m，此时同一位置的竖向弯矩为435kN·m/m，按拉弯构件验算，实配钢筋满足承载力要求。

其余区域竖直方向轴力为压力，最大为-2341kN/m；此区域最大竖向弯矩为257kN·m/m，此时同一位置的竖向轴压力为-545kN/m，按压弯构件验算，实配钢筋满足承载力要求。

⑤ 两端区段水平方向内力：取受力较大的左端区段进行验算，水平方向主要承受中间区段传递的水平力，表现为剪力较大，由于区段内各槽段通过抗剪槽有效咬合，区段整体抗剪，在坡底标高全截面最大剪力为63611kN，按整截面抗剪验算，实配钢筋满足承载力要求。区段内水平方向最大弯矩为231kN·m/m，实配钢筋满足局部抗弯要求。

⑥ 两侧区段竖直方向内力：取受力较大的左端区段进行验算，施工过程中最大竖向弯矩发生在施工完成后的最外侧槽段，为4798kN·m/m，此时同一位置的竖向轴压力为-16297kN/m，最外侧槽段的横截面为2m×2m，按压弯构件进行验算，实配钢筋满足承载力要求。

区段内最大竖向拉力发生在施工完成后的最内侧槽段，为6449kN/m，此时同一位置处弯矩接近于0，取最内侧槽段按轴拉构件进行验算，实配钢筋满足承载力要求。

⑦ 支护结构周边岩(土)层承载力：施工过程中岩层受到的最大土压力为9.43MPa，小于中风化岩承载力特征值9.7MPa，地基承载力满足要求。

（2）施工过程的位移监测结果

本工程2015年11月开始两端人工挖孔支护桩区段及中间区段钢管柱

施工，2016年7月最后一层连续墙施工完成。根据施工期间变形监测资料，支护结构两端区段顶点位移一般为7.2~13.9mm，最大位移为16.6mm。中间区段顶点位移一般为2.4~5.8mm；中间区段测斜孔施工期间面外最大测斜位移为10.0mm，面内最大测斜位移为3.0mm，位于坡顶以下8.5m处。

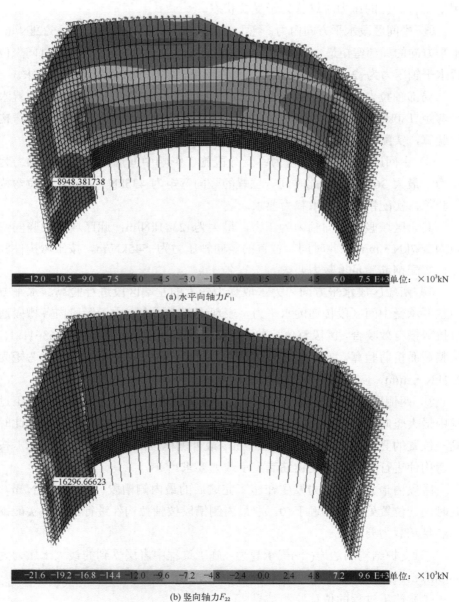

(a) 水平向轴力 F_{11}

(b) 竖向轴力 F_{22}

图 5-5 水平及竖向轴力[53]

第 5 章 拱形多结构联合支护体系的现场测试与验证

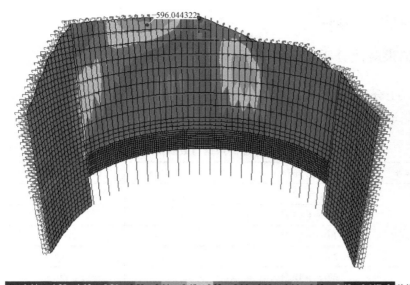

(a) 水平弯矩M_{11}

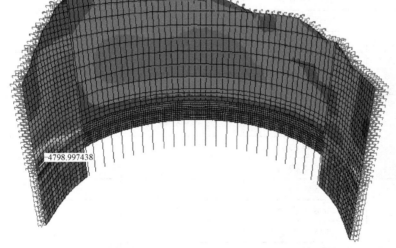

(b) 竖向弯矩M_{22}

图 5-6 水平及竖向弯矩[53]

本支护结构为永久性，正常使用期间继续进行变形监测。根据长期变形监测资料，支护结构施工完成后变形基本稳定，中间区段测斜孔 2017 年 11 月面外最大测斜位移为 13.7mm，位于坡顶以下 8.5m 处，测斜位移方向为面外指向边坡临空面方向。

5.3.3 结果对比分析和验证

通过以上分析,将拱形挡土墙安装的五个监测点实际监测数据[55-56]与数值模拟结果进行对比,如表 5-1 所示和图 5-7 所示。

表 5-1 拱形挡土墙实际监测数据与数值模拟数据对比

监测点编号	监测月份	实际监测位移/mm	数值模拟结果/mm
1	2015 年 12 月	3.5	3.3
	2016 年 03 月	8.7	8.4
	2016 年 05 月	14.6	14.1
	2016 年 07 月	16.6	16.2
2	2015 年 12 月	1.2	1.0
	2016 年 03 月	2.3	2.1
	2016 年 05 月	2.9	2.6
	2016 年 07 月	3.2	3.0
3	2015 年 12 月	1.8	1.5
	2016 年 03 月	2.9	2.5
	2016 年 05 月	4.3	4.1
	2016 年 07 月	5.8	5.5
4	2015 年 12 月	1.1	0.8
	2016 年 03 月	2.2	1.9
	2016 年 05 月	3.0	2.8
	2016 年 07 月	3.8	3.6
5	2015 年 12 月	3.1	2.8
	2016 年 03 月	6.8	6.4
	2016 年 05 月	10.6	10.3
	2016 年 07 月	13.9	13.5

注:实际位移监测数据采集截止时间为 2016 年 7 月。

根据以上实际监测和数值模拟计算得出的数据及图件结果,分析和讨论如下:

① 实测位移点 1、2、3、4、5 的位移随监测时间的加长,逐渐增加,呈现出显著的递增趋势。与各监测点对应的数值模拟计算的位移值,随时间

第 5 章　拱形多结构联合支护体系的现场测试与验证

的加长，也逐渐增加。

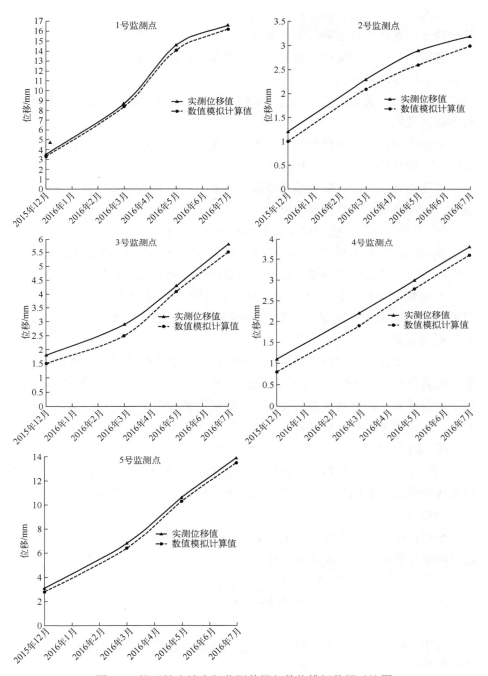

图 5-7　拱形挡土墙实际监测数据与数值模拟数据对比图

② 对比实测位移与数值模拟计算值，得出以下结论：

监测点 1：实测位移和数值模拟位移都显示出相似的增长趋势。两者的差异较小，数值模拟值略低于实测值。

监测点 2：实测位移与数值模拟位移都显示出小幅增加的趋势。两者的数值非常接近，差异较小。

监测点 3：实测位移和数值模拟位移显示出相似的增长趋势。实测值略高于数值模拟值。

监测点 4：实测位移和数值模拟位移都显示出稳定增加的趋势。两者差异较小，实测值略高于数值模拟值。

监测点 5：实测位移和数值模拟位移显示出相似的增长趋势。两者差异较小，实测值略高于数值模拟值。

③ 实测位移与数值模拟计算值随时间变化规律

相似性：所有监测点的实测位移和数值模拟位移都显示出随时间逐渐增加的趋势，且增长曲线相似，表明数值模拟较好地反映了实际情况。

差异性：虽然总体趋势相似，但实测位移普遍略高于数值模拟位移，可能是因为数值模拟在某些参数上未能完全反映实际条件，或者现场实际情况更为复杂。

通过对比分析监测点 1 到 5 的实测位移和数值模拟计算值，可以看出两者之间具有较高的相似性，均随时间呈现出逐渐增加的趋势。尽管实测值略高于数值模拟值，但两者的差异较小，表明数值模拟具有较好的准确性和可靠性，为边坡支护挡土墙的设计和监测提供了重要依据。

④ 实测位移与数值模拟计算值的相关性分析

为了分析实测位移与数值模拟计算值之间的相关性，可以计算每个监测点在各个时间点的相关系数，量化实测值与模拟值之间的线性关系。相关性具体分析方法如下：

使用皮尔逊相关系数（Pearson correlation coefficient）来衡量实测位移与数值模拟计算值之间的相关性。皮尔逊相关系数 r 的计算公式为：

$$r = \frac{\sum (X_i - \bar{X})(Y_i - \bar{Y})}{\sqrt{\sum (X_i - \bar{X})^2 \sum (Y_i - \bar{Y})^2}} \quad (5\text{-}1)$$

式中，X_i 和 Y_i 分别为实测位移和数值模拟计算值；$\bar{X}$ 和 $\bar{Y}$ 分别为实测位移和数值模拟计算值的平均值。

通过计算每个监测点的皮尔逊相关系数，对每个监测点的实测位移和数值模拟计算值进行相关性分析，结果如表 5-2 所示。

表 5-2　各监测点的皮尔逊相关系数

监测点编号	皮尔逊相关系数
1	0.9997
2	0.9979
3	0.9986
4	0.9993
5	0.9998

根据相关性分析可知：

监测点 1：实测位移与数值模拟计算值的皮尔逊相关系数为 0.9997，表明两者之间具有极高的线性相关性。

监测点 2：实测位移与数值模拟计算值的皮尔逊相关系数为 0.9979，表明两者之间具有极高的线性相关性。

监测点 3：实测位移与数值模拟计算值的皮尔逊相关系数为 0.9986，表明两者之间具有极高的线性相关性。

监测点 4：实测位移与数值模拟计算值的皮尔逊相关系数为 0.9993，表明两者之间具有极高的线性相关性。

监测点 5：实测位移与数值模拟计算值的皮尔逊相关系数为 0.9998，表明两者之间具有极高的线性相关性。

总体来看，所有监测点的实测位移与数值模拟计算值之间均具有极高的相关性。这表明数值模拟能够很好地反映实际情况，且模拟结果与实际观测结果之间的差异较小。这种高度一致性为边坡支护挡土墙设计和监测提供了可靠的数值依据，说明数值模拟在实际工程中的应用具有较高的可靠性和准确性。

5.4　总结

本研究主要对拱形多结构联合支护体系和边坡土体的物理力学特性进行了研究，建立了岩土本构模型。通过模型模拟试验、现场实测和数值模拟计算等方法，对比验证了所建本构方程的正确性和合理性。

5.4.1　研究成果

① 通过模型试验模拟拱形多结构联合支护体系，基于相似理论，按分

级加载试验，记录和分析了各构件的应力应变和位移值，研究其力学行为和变形特性。试验分析了岩土体与支护结构间的相互协调和变形耦合作用机理，探讨了贵州山区复杂岩土地质环境条件下，边坡失稳的成因，揭示了新型拱形多结构联合支护体系的力学特性及变形机理。通过模型试验，研究了支护体系各构件的受力和变形规律。结果显示，拱形多结构联合支护体系在边坡支护中表现出良好的力学特性和变形机理，能有效控制边坡失稳。

② 根据模型模拟试验的试验结果，研究了挡土墙、连系梁、钢管、土体等在荷载作用下，各结构的位移和应力应变关系。通过对挡土墙前后侧应变片应变数据与竖向荷载之间的试验数据分析和拟合，不仅得到了具体的拟合公式，还揭示了荷载与应力、应变之间的规律性，结果表明竖向荷载与应变之间的关系呈现显著的二次关系。随着荷载的增加，应变的变化是非线性的，增长速率逐渐减小，增长趋势变缓。挡土墙在竖向荷载作用下，前侧和后侧的应变均表现出显著的非线性增长趋势，且增长速率逐渐减小。这种规律为挡土墙设计和土压力分析提供了重要的参考依据，对于工程应用和材料性能的预测具有重要意义，能够帮助更好地设计和评估材料在不同荷载条件下的表现。

③ 竖向荷载作用下的钢管应变呈现显著的非线性增长趋势，且增长速率逐渐减小。在水平荷载下，钢管应变表现出显著的非线性增长趋势，随着荷载的增加，增长速率逐渐减小。材料特性、结构效应以及荷载分布方式是影响应变规律的重要因素。

这种变化规律为进一步研究钢管在水平荷载作用下的应变特性提供了重要的参考，为研究和设计中进一步理解和预测钢管在竖向荷载作用下的变形行为提供了有力的依据。同时，材料特性、结构效应和荷载分布等因素共同作用，形成了这一特征。这些研究结果为钢管结构的安全设计和性能评估提供了重要的参考。

④ 钢筋应力随竖向荷载和水平荷载增加的变化规律具有一致性，无论是具体的应力数值还是应力变化的趋势，都表现出较强的非线性关系。水平荷载和竖向荷载对钢筋应力均表现出显著的非线性增长趋势，应力与荷载之间存在二次关系，且应力增长速率逐渐减小。水平荷载下钢筋应力的波动性较大，而竖向荷载下波动性较小。总体而言，水平荷载对钢筋应力的影响更为显著。

⑤ 在竖向和水平荷载作用下，挡土墙前侧的位移表现出显著的非线性增长趋势，随着荷载的增加，位移显著增加。这种变化规律在各位置的数据

中表现一致，表明竖向荷载和水平荷载对前侧位移特性有显著影响。这一结果为研究水平荷载作用下挡土墙的变形特性提供了重要的参考依据。

⑥ 在竖向和水平荷载作用下，试验箱后方的位移的非线性增长趋势明显，后方位移随竖向荷载的增加表现出显著的非线性增长，符合二次多项式关系。挡土板位移最大，而土体在不同深度位置的位移变化存在一定差异。位移变化曲线呈现出先快速增长后趋于缓慢的趋势，这种递减增长规律表明，随着荷载的增加，位移增幅逐渐减小。虽然位移持续增加，但其增长速率在荷载较高时趋于平缓。这些规律和机理为挡土墙设计、土压力分析以及变形控制提供了科学依据和参考。

在对比挡土墙前侧和试验箱后方的位移特征和影响因素后可以看出，尽管两者在位移增长趋势上表现出一致的非线性特征，但在位移量的绝对值、分布特性以及受力响应方面存在显著差异。前侧的位移量较小且分布均匀，而后侧由于直接承受水平荷载，变形更大且分布不均。这些特征和机理为挡土墙设计、土压力分析以及结构稳定性评估提供了重要的参考依据，能够帮助预测和控制水平荷载作用下的挡土墙变形。

⑦ 土体对挡土墙前侧和试验箱后方位移差异的影响主要体现在土体的物理力学特性、压力分布以及与挡土墙之间的相互作用上。前侧土体由于受力较均匀且受控，位移较小且分布均匀；后侧土体受水平荷载影响显著，产生较大的主动土压力和剪切应力，导致位移显著且分布不均。理解这些机理对于设计和分析挡土墙结构的稳定性和安全性具有重要意义。

⑧ 研究了拱形多结构联合支护体系（如抗滑桩+挡土墙+桩顶连系梁）在滑坡治理中的力学特性。针对具体的滑坡治理工程，提出了一系列联合支护体系的设计和分析方法，包括抗滑桩、挡土墙和桩顶连系梁的组合应用。研究表明，整体型及整体组合型抗滑结构在受力及变形方面具有一定的优势，而整体组合型抗滑结构的应用更为广泛。

在滑坡推力作用下，联合支护体系表现出与拱形结构类似的受力状态，能够将受弯为主的力转化为受压为主的力。例如，当抗滑桩和挡土墙呈折线形或曲线形布置时，在桩顶连系梁的约束下，结构整体受力更加合理，有助于优化支护桩的受力状态。

研究还推导了桩顶连系梁的内力及桩墙内力与位移的理论计算公式。这些公式为工程设计提供了理论指导，并通过力法原理，应用冗力法计算了桩墙结构体系的顶位移和转角。结果表明，桩墙结构的拱形连系梁可以显著约束桩身位移，优化桩身的弯矩和剪力分布。

此外，基于库仑理论对黏性土的主动土压力和被动土压力计算进行了改进。通过引入裂缝深度的计算和超载处理，提出了一种计算成层土土压力的新方法。研究结果表明，改进的库仑精确解算法计算简便，精度可靠，易于工程应用。

⑨ 对拱形多结构联合支护体系在实际工程中的变形特性和稳定性进行了详细的现场测试和数值模拟验证。通过对贵阳市某环形车道拱形边坡支护结构的实际工程背景、施工过程及变形监测进行系统研究，基于华南理工大学建筑设计研究院有限公司的数值模拟程序，对施工过程进行了详细的数值模拟。结果显示，数值模拟的最大位移、内力分布等参数与实际监测数据高度吻合。例如，支护结构的最大位移、钢管柱的最大轴压力等参数在数值模拟和实际监测中均表现出一致性。根据现场实测和数值模拟计算结果，支护结构的最大位移均发生在中部区域，中间区段主要受轴压力和局部弯矩影响，两端区段在竖直方向的最大弯矩发生在最外侧槽段。

通过对比实测位移和数值模拟计算值，发现两者之间具有极高的相关性，数值模拟较好地反映了实际情况，验证了边坡岩土体应力应变本构模型的正确性。

5.4.2　进一步研究的建议

① 进一步优化多结构支护体系设计，探索不同材料和结构形式的组合。研究拱形多结构联合支护体系的设计参数，提高其力学性能和耐久性，特别是对于复杂地形和复杂地质环境条件，研究适应不同地质条件的设计方案，提高边坡支护结构的适用性和经济性。

② 进行多种荷载组合试验，研究复杂荷载条件下支护体系的表现。系统研究不同地质条件、施工方法等因素对拱形多结构联合支护体系性能的影响，形成系统的设计和施工指南。

③ 进一步研究边坡失稳机制，优化边坡岩土体的本构模型，以更好地模拟复杂地质条件下的实际情况，提升数值模拟的准确性。深入探讨不同地质条件下边坡失稳的主要影响因素和控制因素，提出针对性的防灾减灾措施。

④ 在实际工程中加强对拱形多结构联合支护体系的长期监测，积累更多实测数据，收集支护体系在长期荷载作用下的性能数据,全面评估其长期性能，为未来研究提供数据支持。应用大数据分析和人工智能技术，对支护体系的监

第 5 章 拱形多结构联合支护体系的现场测试与验证

测数据进行智能分析,预测潜在风险,提高预警和防治能力。

⑤ 应用先进的数值模拟技术,对拱形多结构联合支护体系进行更精细的分析,考虑更多的影响因素,如地震、降雨等,提高模型的准确性和实用性。

⑥ 在乡村建设管理中,采取数字化、信息化手段,建立数字孪生模型,对边坡安全进行智能监测,对涉及安全的情况进行预警、处置。

附录

附1 桩-拱挡土连续墙逆作施工工法

1 前言

随着我国经济的飞速发展和工程建设项目的迅速增加，公路、铁路、市政工程、大规模的高层建筑、地下交通枢纽、地下变电站等的建设都遇到了高大边坡问题和深基坑工程问题。由于工程地质条件、水文地质条件和地质环境条件复杂多变，岩土体物理力学特性的特殊性和差异性，加上环境保护要求越来越高，工期进度及资源节约等开发条件要求日益复杂，边坡支护工程和基坑支护工程的施工难度越来越大、成本居高不下。

逆作法是一项新发展起来的新兴边坡支护和基坑支护技术，与传统的边坡支护工程和深基坑施工方法相比，逆作法是一种特殊施工方法，主要用于对工程有特殊要求、施工条件和场地受限，或用传统方法施工满足不了要求而又十分不经济的情况下，该方法具有保护环境、节约社会资源、缩短建设周期等诸多优点。《建筑基坑支护技术规程》（JGJ 120—2012）把逆作拱墙列入支护结构选型表中，并对其适用条件，例如场地条件、拱墙矢跨比以及基坑最大开挖深度等提出具体的要求；并提出支护结构设计要因地制宜，充分利用基坑的平面形状，使基坑支护设计既安全又节省费用。逆作拱墙支护技术因其优越的受力特点，克服了常规临时支护存在的诸多不足之处，是进行可持续发展的城市地下空间开发和建设节约型社会的有效经济手段，得到了广泛的应用，收到了较好的效果。天津开发区大型泵站深基坑、珠海市海滨广场基坑、广州东峻广场基坑、惠州市广信大厦基坑、柳州市某大桥超深锚碇基坑、广州市马涌1号泵站基坑工程均采用逆作拱墙支护技术。

本工法在常规的逆作法基础上，对常规的逆作法进行改进，采用约束抗滑桩、超前钢管桩、钢筋混凝土拱墙、冠梁（连系梁）、锚杆（索）等多结构联合体系，形成了新的桩-拱挡土连续墙施工工法，如附图1-1、附图1-2所示。

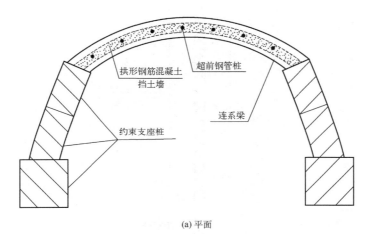

附图1-1 桩-拱挡土连续墙支护体系平面和立面示意图

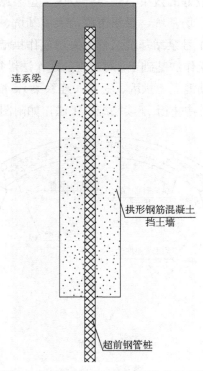

附图1-2 拱形挡墙结构局部构件示意图

2 工法特点

(1)边坡支护工程或基坑支护结构自上往下逐层施工,简化了施工工序,降低了施工难度,节约了工期。

(2)该支护体系受力合理,围护结构变形量小,对邻近建筑的影响小。

(3)降低了施工条件要求,不需要大型施工机械设备,并可在较狭窄的施工作业面下施工。

(4)不必另外架设开挖工作平台与内撑,无须另设临时水平支撑或加大围护墙的断面及配筋,大幅削减了支撑和工作平台等大型临时设施,减少了施工费用。

(5)连续拱墙垂直,可垂直开挖,施工土方开挖较少。在挖土过程中,不影响中间支承柱和降水用井点管的布置。可最大限度利用空间,扩大建筑使用面积。

（6）由于开挖和施工的交错进行，逆作连续拱墙结构的自身荷载由超前钢管桩、冠梁和锚杆（锚索）直接承担并传递至地基，减少了大开挖时卸载对持力层的影响，降低了基坑内地基回弹量。

3 适用范围

本工法适用于深大基坑、高大边坡的支护，特别适用于地质环境条件复杂的呈圆形、椭圆形等平面拱形的挡墙、没有大型施工机械作业条件及施工作业面狭小的场地。

4 工艺原理

（1）逆作钢筋混凝土连续拱墙支护结构是自上而下分层逆作施工的水平闭合或非闭合拱形挡土结构。逆作拱墙技术是将基坑或边坡开挖成圆形、椭圆形等拱形平面，并沿基坑或边坡侧壁分层逆作钢筋混凝土拱墙，利用拱的作用将垂直于墙体的土压力转化为拱墙内的压力，以充分利用墙体混凝土的抗压强度，达到支护结构所需的刚度及强度要求。在合理矢跨比下，拱形墙体结构水平方向主要以承受压力为主，拱内弯矩较小。

（2）采用钢筋混凝土连续拱墙作为边坡支护结构，充分利用"拱形钢筋混凝土连续墙"支护结构的空间受力特点，平面上土压力主要通过轴压力的方式沿着拱轴方向传至两端的抗滑桩，拱形挡墙支护结构与边坡岩土体形成一个有机整体，支挡结构与坡体之间是一个相互作用、相互耦合、相互影响的综合系统。

（3）将挡土墙和钢管桩布置成拱形，桩顶和墙顶设置拱形连系梁，目的是利用拱的受力特点，使挡土墙及桩顶拱形连系梁以受压为主。为提高钢管桩、拱形挡土墙及约束抗滑桩的整体稳定性，同时使各支挡结构变形相互协调，在钢管桩、拱形挡土墙及约束抗滑桩的顶部设置连系梁，构成钢管-拱形挡土墙-约束抗滑桩-拱形连系梁整体抗滑结构。连系梁能够为桩墙顶提供约束，改变挡土墙及桩的受力状态，提高支护结构的整体稳定性。通过支护结构顶部连系梁使墙桩整体协调变形，各桩与墙体处于联合受力状态。钢管桩和约束抗滑桩下部嵌入基岩，拱形挡土墙底部局部嵌入基岩，三者与顶部的连系梁连接形成整体。该支挡体系除了具有较大的刚度，还具有较强的抵抗变形的能力。

5 工艺流程及操作要点

5.1 工艺流程

逆作钢筋混凝土连续拱墙在施工过程中采用逆作法施工,先施工两端约束抗滑桩,第二步施工超前钢管桩,第三步开挖土方施工连系梁,再自上而下垂直逐级开挖土石方,并逐级施工钢筋混凝土连续拱墙,施工工艺流程和工序如附图1-3所示。

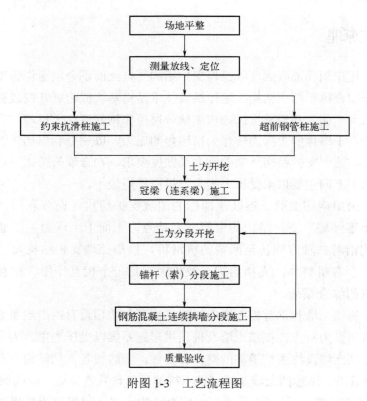

附图1-3 工艺流程图

5.2 操作要点

5.2.1 测量放线

(1)场地平整,满足施工要求。

(2)测量放样:按设计施工图纸测量、放线并复查。

(3)平面施工控制测量:在测量复测时,同时进行施工加密点平面控制,加密点选在原有的工程基础、主要构筑物上。埋点测设后严格平差，符合相关规范和规程的规定，以便于施工测量的顺利进行。

（4）高程控制：在统一的高程系统基础上布设临时水准点，以确保放样时只设置一个测站即能将高程传递到建筑物上，作为测量的水准依据。

5.2.2 抗滑桩施工

（1）工艺流程：钢筋混凝土连续拱墙两端为约束抗滑桩，采用"跳挖法"施工，在土方开挖前可采用人工挖孔或机械成孔的施工方法进行施工，终孔后制作安装钢筋笼、灌注混凝土。施工工序为场地平整→测量放线、定桩位→修建截、排水系统→桩孔开挖施工（预留剪切槽）→桩孔周壁、桩底清理→校核桩位、桩径、桩深和垂直度→对桩位、深度、垂直度进行全面验收→吊装钢筋笼→安装导管→浇灌混凝土→质量验收。施工工艺流程图如附图1-4所示。

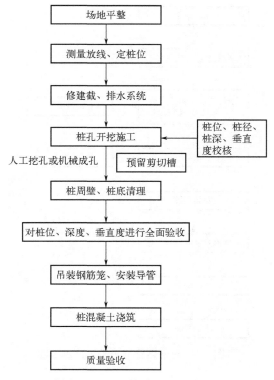

附图1-4 抗滑桩施工工艺流程图

（2）操作技术要点：抗滑桩的尺寸、深度及规格等根据实际工程具体确定。相邻桩之间沿高度每 2m 距离设置 0.4m×0.4m×0.2m（深度）抗剪槽，以确保两端支护桩区段能满足平截面假定条件，抵抗中间钢筋混凝土连续墙区段传递而来的剪力及弯矩。

5.2.3 超前钢管桩施工

（1）在施工抗滑桩的同时，可平行进行超前钢管桩的施工。钢管的钢材为 Q345B，具体尺寸和规格根据工程实际确定。钢管内需注 M30 水泥砂浆或纯水泥浆，形成钢管混凝土柱，以其作为施工阶段钢筋混凝土连续拱墙的竖向支撑，自上而下分段浇筑钢筋混凝土连续墙，内埋钢管在整体支护结构完成后作为连续墙的受拉钢筋受力。

（2）工艺流程：场地平整→测量放线、定孔位→钻钢管孔（入持力层基岩 10.0～15.0m）→下放安装钢管→安装导管→注 M30 纯水泥浆→待凝→质量验收。具体如附图 1-5 所示。

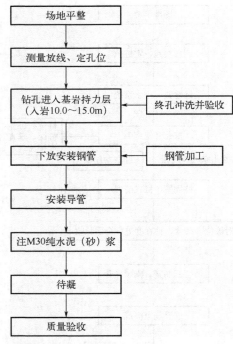

附图 1-5 超前钢管桩施工工艺流程图

（3）操作技术要点

1）钻孔的钻机安放时保持稳固，周边水平，开钻前提起钻头校正孔位。

造孔时，钻具对准测放的中心开孔钻进。施工中严格控制钻孔偏斜，钢管桩垂直度容许偏差为 1/1000，桩身直径容许偏差为+50mm，-10mm，确保成孔精度。

2）钻孔过程中，如发现溶洞或较大裂隙，应立即提住钻具，再慢慢放下，以较低速度通过该区，防止钻杆折断事故，还可灌注混凝土或砂浆，填堵后再继续进行。对特殊孔段（如渗水量大，岩石破碎等）的孔应做好相应记录。

3）钢管桩的焊接加工必须顺直，焊缝打成坡口，分层焊实，不得有夹渣。焊接时两边对称相焊，避免一边走焊受拉，钢管弯曲变形。每个接头焊接完毕，应冷却 1min 后方可沉管。

4）下放钢管应防止放不到位问题的发生，如下放受阻，应查明原因，不得强行下压，一般采用上下轻微活动的方式下管，安装完毕后注浆至孔口返浆。

5）钢管底端约 2m 范围内留出浆孔，孔径 10mm，孔距 500mm。钢管底部 20m 范围每隔 1.5m 焊一道 $\Phi 8$ 环筋。钢管内注浆前，应清孔处理，注浆管采用镀锌管；注浆时，注浆管端距孔底约 100mm，注纯水泥（砂）浆（水灰比 0.5），注浆压力 0.2～0.5MPa（可依具体情况调整），直至孔口冒浆。

5.2.4 冠梁施工

（1）工艺流程：冠梁施工的工艺流程具体如附图 1-6 所示。

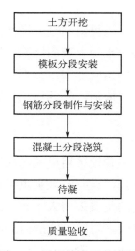

附图 1-6 冠梁施工工艺流程图

（2）操作技术要点

1）土方开挖

从上至下垂直开挖。土方开挖时，在导墙内边 1.2m 范围内开挖，保证为冠梁的提前施工创造工作面。开挖深度至冠梁底设计标高以下 3.0m。

2）冠梁的分段施工

按土方开挖路线施工。将冠梁分区段，每段间距不超过 15m 作为一施工段进行施工，施工过程中做好新旧混凝土交界面的浮浆、松动石子的清理及钢筋预留等工作。

3）冠梁模板安装

安装前对其标高进行校核。安装要求确保位置正确、表面平整、连接牢固、钢筋保护层厚度满足规范要求。

模板底部距离地面约 3.0m，方便模板的安装施工，并预留冠梁与连续拱墙的纵筋连接空间。

4）钢筋制作安装及钢管与冠梁的连接

在冠梁底部应预留好冠梁与连续拱墙纵筋的连接筋，纵筋连接预留长度为 50mm。

超前钢管桩的钢管顶端应插入冠梁 600～800mm。冠梁的钢筋网应与钢管的环箍通过加强箍筋进行连接。

5）混凝土浇筑

混凝土运输、浇筑及间歇的全部时间不应超过混凝土的初凝时间。同一施工段的混凝土应连续分段浇筑。由一端向另一端进行，用赶浆法呈阶梯状向前推进，与另一段合拢。一般呈斜向分层浇筑，分层用插入式振捣棒与混凝土面呈斜角斜向插入振捣，直至上表面泛浆，用木抹子压实、抹平。表面不得有松散混凝土。混凝土振捣应密实，不得有露筋、漏振、蜂窝等缺陷。混凝土结构表面应平整、棱角清晰，其几何尺寸应符合设计要求。

5.2.5　土方分段开挖

（1）连续墙以外的大面积开挖采用机械与人工开挖相结合的方式，机械开挖时按照测量放线位置开挖，设有专人负责指挥，严格控制超挖。在靠近钢管柱边及机械施工不方便的位置采用人工开挖或小型凿岩机开挖。在开挖前，在连续墙边缘外侧开挖线，每隔 500mm 钻 ϕ168mm 孔进入坡底 3.0m，每段开挖以后应对孔进行封闭，混凝土不得进入下段孔内。

（2）开挖顶部约 3.0m 深度的土方，利用第一步施工完成的钢管桩（柱）作为支撑，单侧支模板施工钢筋混凝土连续墙，连续墙纵向预留钢筋连接器以与下端的连续墙纵筋连接。

（3）按照逆作施工顺序，继续往下开挖约 3.0m 深度的土方，利用钢管柱作为支撑，单侧支模板施工下一段的钢筋混凝土连续墙，连续墙纵向预留钢筋连接器以与下端的连续墙纵筋连接。

（4）依照同样的顺序开挖土方至边坡底，先预留 2.0m 的空间暂不施工连续墙；继续开挖至边坡底以下 3.0m，绑扎连续墙钢筋后一并浇筑底部的钢筋混凝土连续墙。

（5）每开挖一级按在连续墙面每 2.0m×1.5m 处的位置，采用锚杆（索）对开挖临界滑移面进行固结、裂缝填堵与坡体加固。连续墙开挖一级支护一级，待混凝土达到强度后方可进行下道工序。

5.2.6 锚杆（索）分段施工

（1）锚杆施工

到一定标高时，按工序排列，安排钻机进行锚杆束的钻孔，在连续墙开挖面每 2.25m×1.5m 处，钻 ϕ130mm 孔，钻孔角度为 15°，M1～M8 内置 3Φ25 锚杆，M9～M15 和 M17 内置 1Φ25，采用 1.0MPa 压力注浆，对开挖临界滑移面进行固结与裂缝填堵。

1）锚杆施工工艺流程

钻机施工平台搭设→钻机定向定位钻孔→孔道清洗、锚杆制作→安装锚杆及注浆管→锚孔注浆。

2）锚杆成孔

锚杆钻孔按设计要求定位开孔，根据地质条件和使用要求选择钻机，钻孔直径根据锚杆的直径采用 ϕ130mm 孔径，调整钻机的钻进角度与水平面的夹角 15°。

锚杆成孔施工机械采用专用锚杆钻机成孔，钻机安装牢固平稳，用 ϕ130mm 孔径钻至设计长度。

3）锚杆制作及安装

锚杆采用 II 级钢筋 Φ25 在现场制作，每隔 1.5m 焊有对中支架，形成锥形滑橇。确保锚杆在孔中保持居中，防止出现偏心。灌浆管采用 ϕ30mm 软塑胶管，置于锚杆、定位器中间，与锚杆一起放入孔内，锚杆外端头应预留 35d（锚杆直径）。

钻孔采用干钻法，钻孔达到预定深度后，孔内钻渣及碎屑及时清理。

锚杆成孔允许偏差：孔深为±50mm，孔径为±5mm，间距为±100mm，锚杆保护层厚度大于 25mm。

锚杆钻孔完成后，经检查确认，及时放置锚杆，注浆锚固。

4) 锚孔注浆

锚杆固结材料采用 M30 水泥浆,外加速凝剂,水泥搅拌均匀,灌浆连续进行,灌浆应持续至孔口流出水泥浆为止。待第一次注浆收缩凝结后进行二次补浆。

(2) 锚索施工

1) 预应力锚索的施工工艺流程,如附图 1-7 所示。

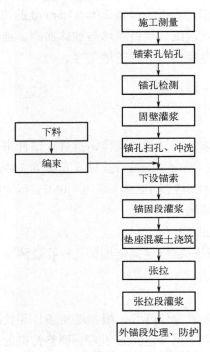

附图 1-7 锚索施工工艺流程图

2) 钻孔操作要点

预应力锚索孔的位置应该根据图纸的要求和实地情况放位,孔径 150mm。倾角 15°,孔位偏离不大于 10cm,端头锚固孔的孔斜误差不得>2%。

选用 XY2B-500 型锚索钻机和风动潜孔锤钻头进行锚索孔的钻进,钻孔深度和方向应满足施工图纸的规定。

为保证孔斜要求,每钻 5~8m 采用测斜仪测斜一次。尽量采用粗径钻具并间隔加设导正装置,使钻孔有很好的导向功能。钻机架设要平稳、牢固。

钻孔过程中成孔困难,应及时采用固壁灌浆,发现裂隙或者溶洞,宜采用灌注水泥浓浆,当灌注方量>20m³时,改为同等级水泥砂浆进行灌注,单次灌注方量和灌浆压力严格按照设计技术要求,直至孔口返浆。

做好每一钻孔的尺寸、钻进速度等数据记录。

3）预应力锚索的制作和安装操作要点

在锚索孔检验合格后锚索入孔前需用高压风将孔内岩粉、石渣等冲洗出孔，直至回风清净时止。并将孔内积水吹出孔外。

下料前应再次对钢绞线进行外观检验，在确认没有损伤后方可使用。根据锚索孔的深度及施工图纸所示的尺寸计算出钢绞线长度，用钢尺丈量、无齿锯切割下料。钢绞线的长度应一致。

按设计要求沿锚索轴线方向每隔 2m 设置架线环，锚固段每隔 1.5m 设置隔离环。

锚索体是将下好的钢绞线按设计要求与灌浆管、回浆管、止浆环、隔离架、导向帽等用无锌铅丝组装绑扎形成的束体。编束过程中应防止钢绞线和灌浆管出现错位和交叉。灌浆管应能承受最大灌浆压力，严禁使用有损伤的灌浆管。

经过检验合格的束体放置于特制的集束架上编号备用，做好防锈蚀的工作。

4）下放锚索操作要点

在锚索孔和锚索验收合格后，开始下索。下设锚索前，再次用高压风对孔进行清洗，并用探孔器探孔，确认孔内畅通无阻；

束体在运输时应尽可能地防止束体产生大的弯曲、扭转和损伤。

5）锚固段灌浆操作要点

在锚索下设完毕后，开始锚固段灌浆；

锚固段采用纯水泥浆进行灌注，浆液的配比应经过试验确定，浆液中掺入膨胀剂和早强剂；

制浆配料采用合格的称量装置称量，用高速泥浆搅拌机进行浆液的拌制，其拌制时间不少于 3min。待浆液拌制均匀后，所有水泥浆均应通过 1.25mm 的筛网将浆液放入储浆桶，取样监控浆液质量。用 3SNS 灌浆泵通过灌浆管将浆液从锚孔底部灌入锚孔，待回浆管回流浆液或注入量达到理论值的 1.2 倍停止灌浆，灌浆压力控制在设计要求范围以内。

锚固段灌浆长度应符合施工图纸要求，止浆环位置应准确，在注浆时，防止产生滑移和串浆。灌浆可下而上一次施灌，进浆必须连续，若中途中断应尽早恢复灌浆，否则应立即用清水洗孔，而后重新灌浆。

6）锚墩浇筑操作要点

待锚固段灌浆结束 24h 后，即可进行锚墩的浇筑；混凝土强度等级 C40，岩面的清理、钢筋制安、模板的立设、预埋件的埋设、混凝土的浇筑均按照设计要求进行。

钢垫板承压面与锚索孔轴线保持垂直,误差不得＞0.5°。模板应安装牢固,浇筑过程中用振捣棒振捣密实。

7) 锚索的张拉操作要点

待锚固浆体和承压垫座混凝土、混凝土柱状锚头等的承载强度达到施工图纸的规定后,即可按设计要求顺序安装外锚头各部件及张拉设备等,采取必要措施保证各部件与锚孔的同心误差不大于 1mm。钢绞线、锚具和夹片的检验等在安装前完成。

用经过标定的配套千斤顶、压力表、油泵对锚索施加预紧力,当确认每根钢绞线初始受力接近一致后,即可严格按照设计要求整束分级进行张拉、稳压和锁定。张拉时升荷速率不超过 40kN/min,张拉过程中有专人做好张拉施工记录。在张拉过程中以压力表读数为准,伸长值测量为辅,当达到设计最大张拉荷载后稳压 10～20min 锁定。锁定后 48h 内,若锚索应力下降到设计张拉荷载值以下时应进行补偿张拉。

应根据监理人的指示进行试验束的张拉,在进行锚索张拉时,应认真记录压力传感器的读数,千斤顶的读数以及试验束在不同张拉吨位时的伸长值。记录成果应及时报送监理人。

8) 自由段灌浆及封锚操作要点

自由段灌浆在补偿张拉工作结束后进行,自由段灌浆前应由监理人检查确认锚索的锚索应力已达到稳定的设计值。

自由段灌浆灌注水泥砂浆 M30。

自由段灌浆应采用锚索的灌浆管、从锚具系统中的灌浆孔施灌,灌浆管应伸至锚固端顶面,自下而上连续进行灌浆。

为保证所有空隙都被浆液灌注密实,当浆液凝固到不自孔中回流出来之前,应保持不小于设计规定的压力进行闭浆;在遇较大裂隙,灌浆量大于理论值的 1.5 倍时,间隔一定时间,继续灌注,直至孔口返浆灌满为止。

灌浆完成后,锚具外的钢绞线按设计要求保存长度。

外锚具和锚索端头,应按施工图纸要求用 C35 混凝土封闭保护。

5.2.7　钢筋混凝土连续拱墙分段施工

(1) 工艺流程

钢筋混凝土连续拱墙主要的施工工艺流程为:钢筋分段制作安装→模板分段制作与安装(单侧支模)→混凝土浇筑→待凝→质量验收。具体如附图 1-8 所示。

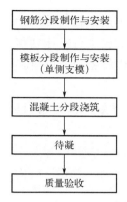

附图1-8 连续拱墙分段施工工艺流程图

(2) 钢筋制作操作要点

连续拱墙的钢筋采用Ⅲ级钢,连续墙内设置竖向分布筋 $\Phi25@200$、水平分布筋 $\Phi20@200$、拉结筋 $\Phi10@400×400$。预留钢筋在下一道截面上的凿眼预留,用凿岩机在基岩上打孔,用大于钢筋直径的钻头,按每根钢筋的不同长度,满足钢筋接头不在同一截面的要求而定,凿孔必须垂直,满足钢筋机械连接要求。钢筋制作完成后,经自检合格后报监理工程师检查认可。浇筑混凝土前应清除黏附在钢筋上的泥土和油渍,保证钢筋与混凝土紧密黏结。

(3) 连续墙模板安装

模板为单侧支模,施工工艺流程:放样、弹线→运输→安装→涂刷脱模剂→模板校正及加固→混凝土浇筑→拆模及维护→下一循环。安装要求确保位置正确、表面平整、连接牢固、钢筋保护层厚度满足规范要求。

(4) 混凝土灌注

连续墙混凝土的强度等级为C40,混凝土坍落度18~20cm。混凝土灌注前,必须对底面进行清理,不得有沉渣,积水应抽干;灌注时,振捣均匀、密实,不应有漏振、空洞,导管提升速度不能过快。连续墙每下一段混凝土浇完后的接缝牛腿,在拆模时,必须凿平。

6 材料与设备

6.1 主要材料

(1) 开工前需联系好钢筋供应厂家,确保有充足的货源,每天按时按量将钢筋供应到工地。

（2）备料进场前取样做钢筋原材料等试验。

（3）根据施工组织设计的施工进度计划和施工预算中的工料分析，编制工程所需的材料用量计划，做好备料、供料和确定仓库、堆场面积及组织运输的依据。

（4）根据材料需要用量计划，做好材料订货和采购工作，使计划得到落实。

（5）组织材料按计划进场，做好保管工作。

（6）本工法施工过程中用到的主要材料构件见附表1-1。

附表1-1　主要材料构件表

序号	名称	规格型号	技术指标
1	纯水泥（砂）浆	M30	符合规范要求
2	无缝钢管	材质 Q345B	符合规范要求
3	商品混凝土	C40	符合规范要求
4	螺纹钢筋	Φ20mm、Φ25mm、Φ28mm	符合规范要求
5	锚具		符合规范要求
6	钢绞线		符合规范要求
7	钢筋	Φ10mm、Φ12mm	符合规范要求
8	锥形螺纹套筒连接件	按实	符合规范要求

6.2 施工设备

本工法施工过程中用到的主要施工设备见附表1-2。

附表1-2　施工机具设备一览

序号	名称	规格型号	数量	用途	备注
1	工程钻机	XY2B-500型钻机	2～3台	超前钢管桩成孔	电动
2	搅拌桶	按实	2	制备注浆材料	
3	注浆泵	15kW	1	制备注浆材料	
4	电焊机	BX1-500，500A	2		
5	水泵	QY10-35-2.2	2		
6	运输车	按实	按实		
7	挖掘机	按实	按实		
8	破碎头	按实	按实		
9	吊车	按实	按实		
10	砂轮切割机	DE-32	1		

7 质量控制

7.1 质量保证控制体系

（1）抓好质量预控和质量意识教育。组织施工人员学习施工规范、操作规程和质量验评标准，进行技术交底和质量通病防治教育，使施工人员了解工程概况，掌握工程要领及质量要求，做到人人心中有标准，个个干中求质量。

（2）严把质量关。创优良工程要选用优质的材料和设备，对工程中使用的各种材料、设备把住采购和验收两个关，材料员对进入现场的原材料、半成品、构配件、器具等对照样品全数检查验收，并检查有无符合国家的质量标准质保书和合格证，杜绝"无质保书、无合格证、无检测标准"的三无材料和产品进场。钢筋应具有出厂质量证明书、材质单、检验报告等。进场后按有关规定、批量、规格进行复检、送检，并由检查部门出具试验报告。对于需要焊接的材料还应有焊接试验报告。确认该批材料满足设计、施工要求后，物资部门方可将该材料入库、登记、造册，不合格的材料应立即清退出施工现场。钢筋进库后须按不同钢种、等级、牌号、规格批号及生产厂家分别堆存，不得混杂，且应挂牌以资识别。钢筋在运输、储存过程中，应避免锈蚀和污染。钢筋宜堆置在仓库内，露天存放时，应垫高并加遮盖。使用部门应按原材料的使用部位登记造册，做到原材料具有可追溯性。

（3）坚持三级检查验收制度，严把分项工程验收关。在每个分项或工序施工过程中，认真执行操作班组自检、施工员全面检、质量员核验检三道关，达不到质量要求的必须返工重做。加强质量跟踪和检查，对特殊工序和材料加强质量跟踪和检查，保证产品质量的可追溯性。

（4）项目工地成立质量小组，对易发生质量通病的环节进行攻关，确保工程成为无质量通病的优良工程。

（5）制订经济措施对管理人员和施工班组人员进行进度和质量考核，实行奖优罚劣。

7.2 生产要素及技术保障措施

（1）选用的钻机、注浆泵等机械设备都处于完好状态，保证机械设备有良好的出勤率和最优的安全保障，同时配备一定机械维修工跟班作业，确保工程设备处于最佳运行状态。

（2）水泥浆不得离析：水泥浆要严格按配合比配置。为防止水泥浆发生离析，可在灰浆拌制机中不断搅动。

（3）严格按照设计文件要求布置钻孔位置，严格按照规范规程及公司制订的操作规程作业。

（4）加强地表位移监测，发现异常情况及时反馈建设单位和设计单位，以便采取补救措施。

（5）认真做好原材料检验。

8　安全措施

（1）坚持三级安全教育制度，对特殊工种工人坚持持证上岗。上岗人员定期体检，体检合格者方可发上岗证。

（2）施工作业准备前，须对作业人员进行安全技术交底，使作业人员明确安全操作规程和防患要领，严格遵守各种机具操作规程。戴好安全帽，高处作业须佩戴好安全带，穿好防滑鞋等，现场严禁吸烟。施工操作人员施工前须做好临时用电及机械设备的安全检查，戴好防护手套及安全带等劳动防护用品。

（3）六级以上（含六级）大风、大雪、大雾、大雨天气停止脚手架上的一切作业。在冬期、雨期要经常检查脚手板上有无积雪、积水等，若有则应随时清扫，并要采取防滑措施。

（4）严禁酗酒人员施工作业，施工时要求精力集中、禁止玩笑和打闹。凡有高血压、贫血、心脏病及其他不适宜高空作业者，一律不得进入工地施工。

（5）按有关规定做好"三宝""四口""五临边"的防护，挂安全警示牌，坚持定期安全检查制度，发现事故苗头及时消除，确保安全施工。

（6）坚持防火安全教育，防火及消防材料要符合省、市防火规范。高温季节，极易发生火灾，施工现场加强对易燃易爆物品管理，严格执行消防制度、动火审批及监护制度，按照不同条件，合理配备灭火器材，消除火灾隐患。

（7）施工现场要严格按照施工用电规范《建筑与市政工程施工现场临时用电安全技术标准》（JGJ/T 46—2024），加强现场用电管理。夜间施工，配备专职的安全员跟班作业，工作场地配备足够的安全照明，并设置安全警示灯。

（8）合理安排饮食，特别是要保证充足、卫生的饮用水。要切实抓好食堂卫生，防止食物中毒。要改善务工人员的生活，施工现场员工集体宿舍应当符合卫生标准，有防蝇灭鼠措施，防止传播性疾病发生。

9　环保措施

（1）设置污水、泥浆处理系统，防止污水及泥浆直接排入市政排污管道、河流、稻田、池塘等。

（2）施工和生活区的废物及垃圾集中放置，集中处理。

（3）施工中采取有效措施，确保当地的道路不受污染，松散性材料在运输途中采取措施防止材料沿途撒漏，并遮盖防止扬尘。施工碾压、堆放拌和或筛分的细粒材料，适当洒水，减少粉尘污染。做好现场扬尘控制措施。

（4）通过采取措施或改进施工方法，使施工噪声降至符合环境标准。做好噪声污染防治措施，施工过程中向周围生活环境排放的噪声符合国家或本地区规定的环境噪声施工场界排放标准。

（5）施工过程中产生的废渣、废液、运往业主指定的废弃场。

（6）加强对施工机械的维修保养，遇到漏油、漏水的情况，机械必须修好后方可参与施工，废油回收后集中存放，统一处理。

10　效益分析

10.1　经济效益

（1）采用逆作钢筋混凝土连续拱墙施工法，可在工程用地范围内最大限度扩大用地面积，增加有效使用面积。

（2）该施工工法施工工序简单，降低了施工难度。使用的机械设备均为常用的简单设备，无大型机械设备，简化了施工工艺，可解决特殊平面形状建筑或局部楼盖缺失所带来的布置支撑的困难，使受力更加合理。

（3）大大缩短施工总工期。该工法支撑体系为垂直支护，土石方开挖为垂直向下开挖，真正实现了逆作法的施工，在很多施工条件和施工作业面受限的场地均可使用，提高了工效，且安全可靠，大约可节省1/3的工时。

（4）与常规边坡或基坑支护施工费用相比，采用本工法施工具有明显的经济效益，节约了大量的机械设备费用，并省去大量的支撑费用。按已施工完成的工程项目总造价对比，大约可节约总造价的40%，节约了大量的施工成本。

10.2 环境效益

10.2.1 噪声方面

由于本逆作法在施工过程中无大型机械设备，自上而下逐段施工，在施工中的噪声大大降低，避免了因夜间施工噪声问题而延误工期。

10.2.2 扬尘方面

通常的地基处理采取开敞开挖手段，产生了大量的建筑灰尘，从而影响了城市的形象；采用逆作法施工，可以最大限度地减少扬尘。

10.3 社会效益

（1）采用拱形多结构联合支护体系的拱形挡土墙和拱形连系梁空间抗滑结构治理滑坡具有一定的应用空间和实用价值，对该联合支护体系开展理论研究，有利于提高边坡失稳灾害治理的设计水平，可降低边坡地质灾害防治约 30%～40%的成本，施工过程简单，施工作业面要求小，可节约 20%～30%的工期。本研究使边坡支护设计、施工及防灾减灾技术立足于更加科学的认识之上，高效地指导边坡防灾减灾工程建设，丰富了边坡工程理论，为解决贵州山区边坡地质灾害防治问题提供了一种新型治理施工方法，提供了有力的理论和技术支持。因此，本研究课题具有理论意义和实际应用价值，具有较大的社会效益和经济效益。

（2）由于结构本身的侧向刚度是无限大的，且压缩变形值相对连续拱墙的变形要求几乎为零。因此，可以从根本上解决支护结构的侧向变形，从而使周围环境不致出现因变形值过大而导致的路面沉陷、基础下沉等问题，保证了周围建筑物的安全。

（3）地下连续墙与岩土体之间黏结力和摩擦力不仅可利用来承受垂直荷载，而且还可充分利用它承受水平风力和地震作用所产生的建筑物底部巨大水平剪力和倾覆力矩，从而大大提高抗震效应。

10.4 应用前景

10.4.1 应用

推广应用桩-拱挡土连续墙逆作法，能够提高边坡工程和地下工程的安全性，可以大大节约工程造价，缩短施工工期，防止地质灾害的发生，是一种很有发展前途和推广价值的边坡和深基坑支护技术。

10.4.2 前景

逆作法已被列入2011年颁布的中华人民共和国国家标准《建筑地基基础设计规范》，各地也陆续公布了地下室逆作法施工工法，由此可说明逆作法施工已日趋成熟。桩-拱挡土连续墙逆作法在边坡支护和深基坑支护中的前景乐观，技术日趋成熟，将会有更大发展。

11 应用实例

贵阳某环形车道边坡支护项目位于贵阳市，为一环形车道边坡的永久性边坡支护结构，支护结构安全等级为一级。支护结构重要性系数 γ_0 =1.1。边坡最大开挖高度为28.0m。2014年11月开工，2015年6月完工，本工程边坡支护采用了"桩-拱挡土连续墙逆作施工工法"。"拱形钢筋混凝土挡土墙"分成3个区段分别施工，两端各约16.1m长区段为拱结构的约束抗滑桩，要求在土方开挖前采用人工开挖、小型水磨钻取芯掘进的施工方法进行施工；中间约60.5m长区段结合土方开挖采用逆作法施工，开挖挡土墙前每隔2.52m制作ϕ325钢管柱作为支撑，在挡土墙面每2.0m×1.5m处采用锚杆对开挖临界滑移面进行固结与裂缝填充，桩-拱挡土连续墙逆作施工工法在项目上应用的图片如附图1-9～附图1-12所示。

附图1-9 桩-拱挡土连续墙逆作施工工法在项目上的应用

附图1-10 桩-拱挡土连续墙逆作钢筋安装施工图

附图 1-11　桩-拱挡土连续墙逆作模板安装施工

附图 1-12　桩-拱挡土连续墙逆作施工工法应用实景

附2 沿弧线径向布桩条件下连系梁计算理论推导[2]

（1） $\overline{X}_i^1 = 1$ 单独作用时

计算任一点 p 的内力 $\overline{X}_{pi}^{11}$ 和 $\overline{X}_{pi}^{21}$，可分为 $0<x<x_{\overline{X}_i^1}$ 区间和 $x_{\overline{X}_i^1}<x<l$ 区间。在 $0<x<x_{\overline{X}_i^1}$ 区间，$\overline{X}_{pi}^{11}$ 和 $\overline{X}_{pi}^{21}$ 计算值仅与 $\varphi_p - \varphi_{\overline{X}_i^1}$ 有关，根据弧形连系梁的线形不同，可分为 $\varphi_p - \varphi_{\overline{X}_i^1} \leqslant 90°$ 和 $\varphi_p - \varphi_{\overline{X}_i^1} > 90°$ 两种情况，分别见附图2-1和附图2-2所示。

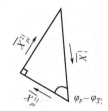

附图2-1 $\overline{X}_{pi}^{11}$、$\overline{X}_{pi}^{21}$ 和 $\overline{X}_i^1$ 力矢三角形（$\varphi_p - \varphi_{\overline{X}_i^1} \leqslant 90°$）

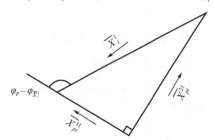

附图2-2 $\overline{X}_{pi}^{11}$、$\overline{X}_{pi}^{21}$ 和 $\overline{X}_i^1$ 力矢三角形（$\varphi_p - \varphi_{\overline{X}_i^1} > 90°$）

1）当 $\varphi_p - \varphi_{\overline{X}_i^1} \leqslant 90°$ 时

弧形连系梁 $0<x<x_{\overline{X}_i^1}$ 区间任一点 p 的内力 $\overline{X}_{pi}^{11}$ 和 $\overline{X}_{pi}^{21}$ 与作用力 $\overline{X}_i^1$ 构成力矢三角形，所构成的力矢三角形如附图2-1所示。现已知 $\overline{X}_i^1 = 1$，可求得 $\overline{X}_{pi}^{11}$ 和 $\overline{X}_{pi}^{21}$ 具体计算表达式如式（附2-1）所示。

$$\begin{aligned}\overline{X}_{pi}^{11} &= \cos\left(\varphi_p - \varphi_{\overline{X}_i^1}\right) \\ \overline{X}_{pi}^{21} &= \sin\left(\varphi_p - \varphi_{\overline{X}_i^1}\right)\end{aligned} \qquad (附2-1)$$

2）当 $\varphi_p - \varphi_{\overline{X}_i^1} > 90°$ 时

弧形连系梁 $0<x<x_{\overline{X}_i^1}$ 区间任一点 p 的内力 $\overline{X}_{pi}^{11}$ 和 $\overline{X}_{pi}^{21}$ 与作用力 $\overline{X}_i^1$ 构成力矢三角形，所构成的力矢三角形如附图2-2所示。经过具体分析推导，$\overline{X}_{pi}^{11}$ 和

$\overline{X}_{pi}^{21}$ 的计算表达式与式（附 2-1）相同。

计算 $\overline{X}_{pi}^{51}$ 时，首先计算 $\overline{X}_i^1$ 对弧形连系梁 $0<x<x_{\overline{X}_i^1}$ 区间任一点 p 的力臂 $\overline{l}_{p-\overline{X}_i^1}$，因弧形连系梁任一点 p 的几何参数有所变化，在整体坐标系中，对弧形连系梁 $0<x<x_{\overline{X}_i^1}$ 区间任一点 p，可根据 p 至 $\overline{X}_i^1$ 作用点的坐标方位角，分为 $\alpha_{p-\overline{X}_i^1} \geqslant 0$ 和 $\alpha_{p-\overline{X}_i^1} < 0$ 两种情况，其计算简图如附图 2-3 和附图 2-4 所示。

①当 $\alpha_{p-\overline{X}_i^1} \geqslant 0$ 时

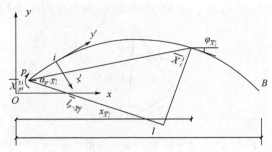

附图 2-3　径向布桩弧形连系梁任一点 p 的 $\overline{X}_{pi}^{51}$ 计算简图（$\alpha_{p-\overline{X}_i^1} \geqslant 0$）

根据附图 2-3 所示几何关系，$\overline{X}_i^1$ 对弧形连系梁 $0<x<x_{\overline{X}_i^1}$ 区间任一点 p 的力臂 $\overline{l}_{p-\overline{X}_i^1}$，计算表达式如式（附 2-2）所示。

$$\overline{l}_{p-\overline{X}_i^1} = \frac{\left(x_{\overline{X}_i^1} - x_p\right)\cos\left(\alpha_{p-\overline{X}_i^1} - \varphi_{\overline{X}_i^1}\right)}{\cos\alpha_{p-\overline{X}_i^1}} \quad \text{（附 2-2）}$$

根据前文对 $\overline{X}_{pi}^{51}$ 正负号的规定原则，$\overline{X}_{pi}^{51}$ 可由式（附 2-3）计算得出。

$$\overline{X}_{pi}^{51} = \frac{\left(x_{\overline{X}_i^1} - x_p\right)\cos\left(\alpha_{p-\overline{X}_i^1} - \varphi_{\overline{X}_i^1}\right)}{\cos\alpha_{p-\overline{X}_i^1}} \quad \text{（附 2-3）}$$

②当 $\alpha_{p-\overline{X}_i^1} < 0$ 时

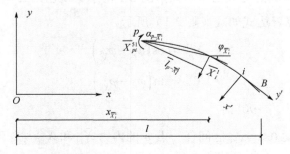

附图 2-4　径向布桩弧形连系梁任一点 p 的 $\overline{X}_{pi}^{51}$ 计算简图（$\alpha_{p-\overline{X}_i^1} < 0$）

根据附图 2-4 所示几何关系，$\overline{X}_i^1$ 对弧形连系梁 $0<x<x_{\overline{X}_i^1}$ 区间任一点 p 的力臂 $\overline{l}_{p-\overline{X}_i^1}$，计算表达式与式（附 2-2）相同，$\overline{X}_{pi}^{51}$ 计算表达式与式（附 2-3）相同。

（2）$\overline{X}_i^2=1$ 单独作用时

首先计算任一点 p 的内力 $\overline{X}_{pi}^{12}$ 和 $\overline{X}_{pi}^{22}$，可分为 $0<x<x_{\overline{X}_i^2}$ 区间和 $x_{\overline{X}_i^2}<x<l$ 区间。$\overline{X}_{pi}^{12}$ 和 $\overline{X}_{pi}^{22}$ 计算值仅与 $\varphi_p-\varphi_{\overline{X}_i^2}$ 有关，根据弧形连系梁的线形不同，可分为 $\varphi_p-\varphi_{\overline{X}_i^2}\leqslant 90°$ 和 $\varphi_p-\varphi_{\overline{X}_i^2}>90°$ 两种情况，分别见附图 2-5 和附图 2-6 所示。

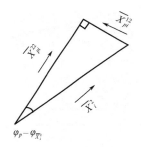

附图 2-5　$\overline{X}_{pi}^{12}$、$\overline{X}_{pi}^{22}$ 和 $\overline{X}_i^2$ 力矢三角形（$\varphi_p-\varphi_{\overline{X}_i^2}\leqslant 90°$）

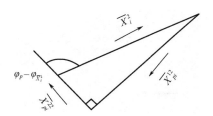

附图 2-6　$\overline{X}_{pi}^{12}$、$\overline{X}_{pi}^{22}$ 和 $\overline{X}_i^2$ 力矢三角形（$\varphi_p-\varphi_{\overline{X}_i^2}>90°$）

1）当 $\varphi_p-\varphi_{\overline{X}_i^2}\leqslant 90°$ 时

在 $\overline{X}_i^2=1$ 作用下，弧形连系梁 $0<x<x_{\overline{X}_i^2}$ 区间任一点 p 的内力 $\overline{X}_{pi}^{12}$ 和 $\overline{X}_{pi}^{22}$ 与作用力 $\overline{X}_i^2$ 构成力矢三角形。现已知 $\overline{X}_i^2=1$，可求得 $\overline{X}_{pi}^{12}$ 和 $\overline{X}_{pi}^{22}$ 具体计算表达式如式（附 2-4）所示。

$$\left.\begin{aligned}\overline{X}_{pi}^{12} &= \sin\left(\varphi_p-\varphi_{\overline{X}_i^2}\right)\\ \overline{X}_{pi}^{22} &= -\cos\left(\varphi_p-\varphi_{\overline{X}_i^2}\right)\end{aligned}\right\} \qquad \text{（附 2-4）}$$

2）当 $\varphi_p - \varphi_{\overline{X}_i^2} > 90°$ 时

弧形连系梁 $0<x<x_{\overline{X}_i^2}$ 区间任一点 p 的内力 $\overline{X}_{pi}^{12}$ 和 $\overline{X}_{pi}^{22}$ 与作用力 $\overline{X}_i^2$ 构成力矢三角形。经分析推导，$\overline{X}_{pi}^{12}$ 和 $\overline{X}_{pi}^{22}$ 的计算表达式与式（附 2-4）相同。

计算 $\overline{X}_{pi}^{52}$ 时，首先计算 $\overline{X}_i^2$ 对弧形连系梁 $0<x<x_{\overline{X}_i^2}$ 区间任一点 p 的力臂 $\bar{l}_{p-\overline{X}_i^2}$，因弧形连系梁任一点 p 的几何参数有所变化，在整体坐标系中，可根据 p 至 $\overline{X}_i^2$ 作用点的坐标方位角，分为 $\alpha_{p-\overline{X}_i^2} \geqslant 0$ 和 $\alpha_{p-\overline{X}_i^2} < 0$ 两种情况，其计算简图如附图 2-7 和附图 2-8 所示。

① 当 $\alpha_{p-\overline{X}_i^2} \geqslant 0$ 时

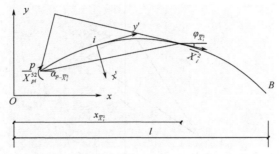

附图 2-7　径向布桩弧形连系梁任一点 p 的 $\overline{X}_{pi}^{52}$ 计算简图（$\alpha_{p-\overline{X}_i^2} \geqslant 0$）

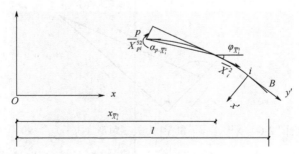

附图 2-8　径向布桩弧形连系梁任一点 p 的 $\overline{X}_{pi}^{52}$ 计算简图（$\alpha_{p-\overline{X}_i^2} < 0$）

根据附图 2-7 所示几何关系，$\overline{X}_i^2$ 对弧形连系梁 $0<x<x_{\overline{X}_i^2}$ 区间任一点 p 的力臂 $\bar{l}_{p-\overline{X}_i^2}$，计算表达式如式（附 2-5）所示。

$$\bar{l}_{p-\overline{X}_i^2} = \frac{\left(x_{\overline{X}_i^2} - x_p\right)\sin\left(\alpha_{p-\overline{X}_i^2} - \varphi_{\overline{X}_i^2}\right)}{\cos\alpha_{p-\overline{X}_i^2}} \qquad （附 2-5）$$

根据前文对 $\overline{X}_{pi}^{52}$ 正负号的规定原则，$\overline{X}_{pi}^{52}$ 可由式（附 2-6）计算得出。

$$\overline{X}_{pi}^{52} = \frac{\left(x_{\overline{X}_i^2} - x_p\right)\sin\left(\alpha_{p-\overline{X}_i^2} - \varphi_{\overline{X}_i^2}\right)}{\cos\alpha_{p-\overline{X}_i^2}} \qquad (\text{附 2-6})$$

② 当 $\alpha_{p-\overline{X}_i^2} < 0$ 时

根据附图 2-8 所示几何关系，$\overline{X}_i^2$ 对弧形连系梁 $0<x<x_{\overline{X}_i^2}$ 区间任一点 p 的力臂 $\overline{l}_{p-\overline{X}_i^2}$，计算表达式与式（附 2-5）相同，$\overline{X}_{pi}^{52}$ 计算表达式与式（附 2-6）相同。

（3）$\overline{X}_i^3 = 1$ 单独作用时

计算任一点 p 的内力 $\overline{X}_{pi}^{33}$ 和 $\overline{X}_{pi}^{43}$，可分为 $0<x<x_{\overline{X}_i^3}$ 区间和 $x_{\overline{X}_i^3}<x<l$ 区间。计算值仅与 $\varphi_p - \varphi_{\overline{X}_i^3}$ 有关，根据弧形连系梁的线形不同，可分为 $\varphi_p - \varphi_{\overline{X}_i^3} \leqslant 90°$ 和 $\varphi_p - \varphi_{\overline{X}_i^3} > 90°$ 两种情况，分别见附图 2-9 和附图 2-10。

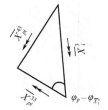

附图 2-9　$\overline{X}_{pi}^{33}$、$\overline{X}_{pi}^{43}$ 和 $\overline{X}_i^3$ 力矢三角形（$\varphi_p - \varphi_{\overline{X}_i^3} \leqslant 90°$）

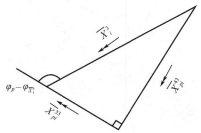

附图 2-10　$\overline{X}_{pi}^{33}$、$\overline{X}_{pi}^{43}$ 和 $\overline{X}_i^3$ 力矢三角形（$\varphi_p - \varphi_{\overline{X}_i^3} > 90°$）

1）当 $\varphi_p - \varphi_{\overline{X}_i^3} \leqslant 90°$ 时

在 $\overline{X}_i^3 = 1$ 作用下，弧形连系梁 $0<x<x_{\overline{X}_i^3}$ 区间任一点 p 的内力 $\overline{X}_{pi}^{33}$ 和 $\overline{X}_{pi}^{43}$ 与作用力 $\overline{X}_i^3$ 构成力矢三角形，可求得 $\overline{X}_{pi}^{33}$ 和 $\overline{X}_{pi}^{43}$ 具体计算表达式如式（附 2-7）所示。

$$\left.\begin{array}{l}\overline{X}_{pi}^{33} = \cos\left(\varphi_p - \varphi_{\overline{X}_i^3}\right) \\ \overline{X}_{pi}^{43} = -\sin\left(\varphi_p - \varphi_{\overline{X}_i^3}\right)\end{array}\right\} \qquad (\text{附 2-7})$$

2）当 $\varphi_p - \varphi_{\overline{X}_i^3} > 90°$ 时

弧形连系梁 $0 < x < x_{\overline{X}_i^3}$ 区间任一点 p 的内力 $\overline{X}_{pi}^{33}$ 和 $\overline{X}_{pi}^{43}$ 计算表达式与式（附 2-7）相同。

（4）$\overline{X}_i^4 = 1$ 单独作用时

计算任一点 p 的内力 $\overline{X}_{pi}^{34}$ 和 $\overline{X}_{pi}^{44}$，可分为 $0 < x < x_{\overline{X}_i^4}$ 区间和 $x_{\overline{X}_i^4} < x < l$ 区间。计算值仅与 $\varphi_p - \varphi_{\overline{X}_i^4}$ 有关，可分为 $\varphi_p - \varphi_{\overline{X}_i^4} \leq 90°$ 和 $\varphi_p - \varphi_{\overline{X}_i^4} > 90°$ 两种情况，分别见附图 2-11 和附图 2-12。

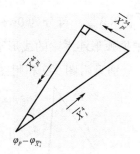

附图 2-11　$\overline{X}_{pi}^{34}$、$\overline{X}_{pi}^{44}$ 和 $\overline{X}_i^4$ 力矢三角形（$\varphi_p - \varphi_{\overline{X}_i^4} \leq 90°$）

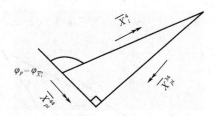

附图 2-12　$\overline{X}_{pi}^{34}$、$\overline{X}_{pi}^{44}$ 和 $\overline{X}_i^4$ 力矢三角形（$\varphi_p - \varphi_{\overline{X}_i^4} > 90°$）

1）当 $\varphi_p - \varphi_{\overline{X}_i^4} \leq 90°$ 时

在 $\overline{X}_i^4 = 1$ 作用下，弧形连系梁 $0 < x < x_{\overline{X}_i^4}$ 区间任一点 p 的内力 $\overline{X}_{pi}^{34}$ 和 $\overline{X}_{pi}^{44}$ 与作用力 $\overline{X}_i^4$ 构成力矢三角形，可求得 $\overline{X}_{pi}^{34}$ 和 $\overline{X}_{pi}^{44}$ 具体计算表达式如式（附 2-8）所示。

$$\left.\begin{array}{l} \overline{X}_{pi}^{34} = \sin\left(\varphi_p - \varphi_{\overline{X}_i^4}\right) \\ \overline{X}_{pi}^{44} = \cos\left(\varphi_p - \varphi_{\overline{X}_i^4}\right) \end{array}\right\} \quad \text{（附 2-8）}$$

2）当 $\varphi_p - \varphi_{\overline{X}_i^4} > 90°$ 时

在 $\overline{X}_i^4 = 1$ 作用下，弧形连系梁 $0 < x < x_{\overline{X}_i^4}$ 区间任一点 p 的内力 $\overline{X}_{pi}^{34}$ 和 $\overline{X}_{pi}^{44}$ 计算表达式与式（附 2-8）相同。

附3 沿滑坡滑向布桩条件下连系梁计算理论推导[2]

（1）$\overline{X}_i^1 = 1$ 单独作用时

计算任一点 p 的内力 $\overline{X}_{pi}^{11}$ 和 $\overline{X}_{pi}^{21}$，可分为 $0<x<x_{\overline{X}_i^1}$ 区间和 $x_{\overline{X}_i^1}<x<l$ 区间。在 $0<x<x_{\overline{X}_i^1}$ 区间，$\overline{X}_{pi}^{11}$ 和 $\overline{X}_{pi}^{21}$ 计算值仅与 φ_p 有关，根据 p 点所在弧形连系梁的位置不同，可分为 $\varphi_p \geqslant 0°$ 和 $\varphi_p < 0°$ 两种情况，分别见附图3-1 和附图3-2 所示。

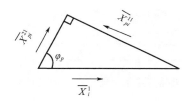

附图3-1 $\overline{X}_{pi}^{11}$、$\overline{X}_{pi}^{21}$ 和 $\overline{X}_i^1$ 力矢三角形（$\varphi_p \geqslant 0°$）

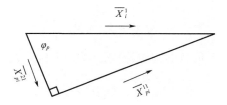

附图3-2 $\overline{X}_{pi}^{11}$、$\overline{X}_{pi}^{21}$ 和 $\overline{X}_i^1$ 力矢三角形（$\varphi_p < 0°$）

1）当 $\varphi_p \geqslant 0°$ 时

在 $\overline{X}_i^1 = 1$ 作用下，弧形连系梁 $0<x<x_{\overline{X}_i^1}$ 区间任一点 p 的内力 $\overline{X}_{pi}^{11}$ 和 $\overline{X}_{pi}^{21}$ 与作用力 $\overline{X}_i^1$ 构成力矢三角形，可求得 $\overline{X}_{pi}^{11}$ 和 $\overline{X}_{pi}^{21}$，具体计算表达式如式（附3-1）所示。

$$\left. \begin{array}{l} \overline{X}_{pi}^{11} = \sin\varphi_p \\ \overline{X}_{pi}^{21} = -\cos\varphi_p \end{array} \right\} \quad （附3-1）$$

2）当 $\varphi_p < 0°$ 时

弧形连系梁 $0<x<x_{\overline{X}_i^1}$ 区间任一点 p 的内力 $\overline{X}_{pi}^{11}$、$\overline{X}_{pi}^{21}$ 的计算表达式与式（附3-1）相同。

计算 $\overline{X}_{pi}^{51}$ 时，先计算 $\overline{X}_i^1$ 对弧形连系梁 $0<x<x_{\overline{X}_i^1}$ 区间任一点 p 的力臂 $\overline{l}_{p-\overline{X}_i^1}$，因弧形连系梁任一点 p 的几何参数有所变化，在整体坐标系中，根据 p 至 $\overline{X}_i^1$ 作用点的 y 坐标大小关系，对弧形连系梁 $0<x<x_{\overline{X}_i^1}$ 区间任一点 p 分为 $y_p \leqslant y_{\overline{X}_i^1}$ 和 $y_p > y_{\overline{X}_i^1}$ 两种情况，其计算简图如附图3-3和附图3-4所示。

① 当 $y_p \leqslant y_{\overline{X}_i^1}$ 时

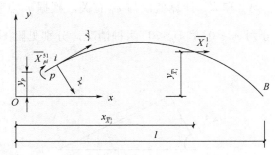

附图 3-3　滑向布桩弧形连系梁任一点 p $\overline{X}_{pi}^{51}$ 计算简图（$y_p \leqslant y_{\overline{X}_i^1}$）

根据附图3-3所示几何关系，$\overline{X}_i^1$ 对弧形连系梁 $0<x<x_{\overline{X}_i^1}$ 区间任一点 p 的力臂 $\overline{l}_{p-\overline{X}_i^1}$ 计算表达式如式（附3-2）所示。

$$\overline{l}_{p-\overline{X}_i^1} = y_{\overline{X}_i^1} - y_p \quad \text{（附3-2）}$$

根据前文对 $\overline{X}_{pi}^{51}$ 正负号的规定原则，$\overline{X}_{pi}^{51}$ 可由式（附3-3）计算得出。

$$\overline{X}_{pi}^{51} = y_p - y_{\overline{X}_i^1} \quad \text{（附3-3）}$$

② 当 $y_p > y_{\overline{X}_i^1}$ 时

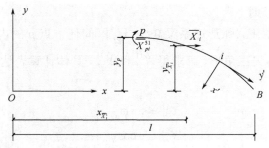

附图 3-4　滑向布桩弧形连系梁任一点 p $\overline{X}_{pi}^{51}$ 计算简图（$y_p > y_{\overline{X}_i^1}$）

根据附图3-4所示几何关系，$\overline{X}_i^1$ 对弧形连系梁 $0<x<x_{\overline{X}_i^1}$ 区间任一点 p 的力臂 $\overline{l}_{p-\overline{X}_i^1}$ 计算表达式如式（附3-4）所示。

$$\overline{l}_{p-\overline{X}_i^1} = y_p - x_{\overline{X}_i^1} \qquad (附3-4)$$

根据前文对 $\overline{X}_{pi}^{51}$ 正负号的规定原则，$\overline{X}_{pi}^{51}$ 计算表达式与式（附3-3）相同。

（2）$\overline{X}_i^2 = 1$ 单独作用时

计算任一点 p 的内力 $\overline{X}_{pi}^{12}$ 和 $\overline{X}_{pi}^{22}$，可分为 $0<x<x_{\overline{X}_i^2}$ 区间和 $x_{\overline{X}_i^2}<x<l$ 区间。$\overline{X}_{pi}^{12}$ 和 $\overline{X}_{pi}^{22}$ 计算值仅与 φ_p 有关，根据 p 点所在弧形连系梁的位置不同，可分为 $\varphi_p \geqslant 0°$ 和 $\varphi_p < 0°$ 两种情况，分别见附图3-5和附图3-6所示。

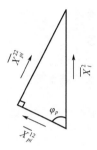

附图3-5 $\overline{X}_{pi}^{12}$、$\overline{X}_{pi}^{22}$ 和 $\overline{X}_i^2$ 力矢三角形（$\varphi_p \geqslant 0°$）

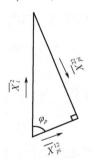

附图3-6 $\overline{X}_{pi}^{12}$、$\overline{X}_{pi}^{22}$ 和 $\overline{X}_i^2$ 力矢三角形（$\varphi_p < 0°$）

1）当 $\varphi_p \geqslant 0°$ 时

在 $\overline{X}_i^2 = 1$ 作用下，弧形连系梁 $0<x<x_{\overline{X}_i^2}$ 区间任一点 p 的内力 $\overline{X}_{pi}^{12}$ 和 $\overline{X}_{pi}^{22}$ 与作用力 $\overline{X}_i^2$ 构成力矢三角形，可求得 $\overline{X}_{pi}^{12}$ 和 $\overline{X}_{pi}^{22}$ 具体计算表达式如式（附3-5）所示。

$$\left.\begin{array}{l}\overline{X}_{pi}^{12} = -\cos\varphi_p \\ \overline{X}_{pi}^{22} = -\sin\varphi_p\end{array}\right\} \qquad (附3-5)$$

2）当 $\varphi_p < 0°$ 时

弧形连系梁 $0<x<x_{\overline{X}_i^2}$ 区间任一点 p 的内力 $\overline{X}_{pi}^{12}$ 和 $\overline{X}_{pi}^{22}$ 的计算表达式与式

（附 3-5）相同。

计算 $\overline{X}_{pi}^{52}$ 时，计算 $\overline{X}_i^2$ 对弧形连系梁 $0<x<x_{\overline{X}_i^2}$ 区间任一点 p 的力臂 $\bar{l}_{p-\overline{X}_i^2}$，在整体坐标系中，$\bar{l}_{p-\overline{X}_i^2}$ 计算简图如附图 3-7。

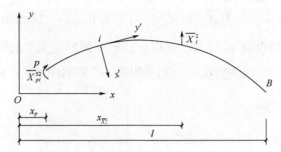

附图 3-7　滑向布桩弧形连系梁任一点 p 的 $\overline{X}_{pi}^{52}$ 计算简图

根据附图 3-7 所示几何关系，$0<x<x_{\overline{X}_i^2}$ 区间任一点 p 的力臂 $\bar{l}_{p-\overline{X}_i^2}$ 计算表达式如式（附 3-6）所示。

$$\bar{l}_{p-\overline{X}_i^2} = x_{\overline{X}_i^2} - x_p \qquad （附 3-6）$$

根据前文对 $\overline{X}_{pi}^{52}$ 正负号的规定原则，$\overline{X}_{pi}^{52}$ 可由式（附 3-7）计算得出。

$$\overline{X}_{pi}^{52} = x_{\overline{X}_i^2} - x_p \qquad （附 3-7）$$

（3）$\overline{X}_i^3 = 1$ 单独作用时

计算任一点 p 的内力 $\overline{X}_{pi}^{33}$ 和 $\overline{X}_{pi}^{43}$，可分为 $0<x<x_{\overline{X}_i^3}$ 区间和 $x_{\overline{X}_i^3}<x<l$ 区间。$0<x<x_{\overline{X}_i^3}$ 区间 $\overline{X}_{pi}^{33}$ 和 $\overline{X}_{pi}^{43}$ 计算值仅与 φ_p 有关，根据 p 点所在弧形连系梁的位置不同，可分为 $\varphi_p \geqslant 0°$ 和 $\varphi_p < 0°$ 两种情况，分别见附图 3-8 和附图 3-9 所示。

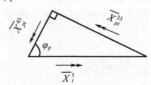

附图 3-8　$\overline{X}_{pi}^{33}$、$\overline{X}_{pi}^{43}$ 和 $\overline{X}_i^3$ 力矢三角形（$\varphi_p \geqslant 0°$）

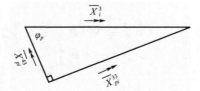

附图 3-9　$\overline{X}_{pi}^{33}$、$\overline{X}_{pi}^{43}$ 和 $\overline{X}_i^3$ 力矢三角形（$\varphi_p < 0°$）

1）当 $\varphi_p \geqslant 0°$ 时

弧形连系梁 $0<x<x_{\overline{X}_i^3}$ 区间任一点 p 的内力 $\overline{X}_{pi}^{33}$ 和 $\overline{X}_{pi}^{43}$ 与作用力 $\overline{X}_i^3$ 构成力矢三角形，可求得 $\overline{X}_{pi}^{33}$ 和 $\overline{X}_{pi}^{43}$ 具体计算表达式如式（附 3-8）所示。

$$\left.\begin{array}{l} \overline{X}_{pi}^{33} = \sin\varphi_p \\ \overline{X}_{pi}^{43} = \cos\varphi_p \end{array}\right\} \quad \text{（附 3-8）}$$

2）当 $\varphi_p < 0°$ 时

弧形连系梁 $0<x<x_{\overline{X}_i^3}$ 区间任一点 p 的内力 $\overline{X}_{pi}^{33}$ 和 $\overline{X}_{pi}^{43}$ 计算表达式与式（附 3-8）相同。

（4）$\overline{X}_i^4=1$ 单独作用时

计算任一点 p 的内力 $\overline{X}_{pi}^{34}$ 和 $\overline{X}_{pi}^{44}$，可分为 $0<x<x_{\overline{X}_i^4}$ 区间和 $x_{\overline{X}_i^4}<x<l$ 区间。$0<x<x_{\overline{X}_i^4}$ 区间 $\overline{X}_{pi}^{34}$ 和 $\overline{X}_{pi}^{44}$ 计算值仅与 φ_p 有关，根据 p 点所在弧形连系梁的位置不同，可分为 $\varphi_p \geqslant 0°$ 和 $\varphi_p < 0°$ 两种情况，分别见附图 3-10 和附图 3-11 所示。

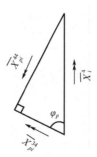

附图 3-10　$\overline{X}_{pi}^{34}$、$\overline{X}_{pi}^{44}$ 和 $\overline{X}_i^4$ 力矢三角形（$\varphi_p \geqslant 0°$）

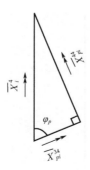

附图 3-11　$\overline{X}_{pi}^{34}$、$\overline{X}_{pi}^{44}$ 和 $\overline{X}_i^4$ 力矢三角形（$\varphi_p < 0°$）

1）当 $\varphi_p \geqslant 0°$ 时

弧形连系梁 $0<x<x_{\overline{X}_i^4}$ 区间任一点 p 的内力 $\overline{X}_{pi}^{34}$ 和 $\overline{X}_{pi}^{44}$ 与作用力 $\overline{X}_i^4$ 构成力矢三角形，可求得 $\overline{X}_{pi}^{34}$ 和 $\overline{X}_{pi}^{44}$ 具体计算表达式如式（附 3-9）所示。

$$\left.\begin{aligned} \overline{X}_{pi}^{34} &= -\cos\varphi_p \\ \overline{X}_{pi}^{44} &= \sin\varphi_p \end{aligned}\right\} \qquad （附 3-9）$$

2）当 $\varphi_p < 0°$ 时

弧形连系梁 $0<x<x_{\overline{X}_i^4}$ 区间任一点 p 的内力 $\overline{X}_{pi}^{34}$ 和 $\overline{X}_{pi}^{44}$ 计算表达式与式（附 3-9）相同。

附4 柔度系数计算公式[2]

$$\delta_{mm}^{11} = \sum \int \frac{\left(\overline{X}_{pm}^{51}\right)^2 \mathrm{d}s}{EI_{z'}} + \sum \int \frac{\left(\overline{X}_{pm}^{21}\right)^2 \mathrm{d}s}{EA} + \sum \int \frac{k\left(\overline{X}_{pm}^{11}\right)^2 \mathrm{d}s}{GA}$$

$$\delta_{mm}^{22} = \sum \int \frac{\left(\overline{X}_{pm}^{52}\right)^2 \mathrm{d}s}{EI_{z'}} + \sum \int \frac{\left(\overline{X}_{pm}^{22}\right)^2 \mathrm{d}s}{EA} + \sum \int \frac{k\left(\overline{X}_{pm}^{12}\right)^2 \mathrm{d}s}{GA}$$

$$\delta_{mm}^{33} = \sum \int \frac{\left(\overline{X}_{pm}^{33}\right)^2 \mathrm{d}s}{EI_{x'}} + \sum \int \frac{\left(\overline{X}_{pm}^{43}\right)^2 \mathrm{d}s}{GI_{y'}}$$

$$\delta_{mm}^{44} = \sum \int \frac{\left(\overline{X}_{pm}^{34}\right)^2 \mathrm{d}s}{EI_{x'}} + \sum \int \frac{\left(\overline{X}_{pm}^{44}\right)^2 \mathrm{d}s}{GI_{y'}}$$

$$\delta_{mm}^{55} = \sum \int \frac{\left(\overline{X}_{pm}^{55}\right)^2 \mathrm{d}s}{EI_{z'}}$$

$$\delta_{mm}^{12} = \sum \int \frac{\overline{X}_{pm}^{51} \overline{X}_{pm}^{52} \mathrm{d}s}{EI_{z'}} + \sum \int \frac{\overline{X}_{pm}^{21} \overline{X}_{pm}^{22} \mathrm{d}s}{EA} + \sum \int \frac{k\overline{X}_{pm}^{11} k\overline{X}_{pm}^{12} \mathrm{d}s}{GA}$$

$$\delta_{mm}^{15} = \sum \int \frac{\overline{X}_{pm}^{51} \overline{X}_{pm}^{55} \mathrm{d}s}{EI_{z'}}; \quad \delta_{mm}^{25} = \sum \int \frac{\overline{X}_{pm}^{52} \overline{X}_{pm}^{55} \mathrm{d}s}{EI_{z'}}$$

$$\delta_{mm}^{34} = \sum \int \frac{\overline{X}_{pm}^{33} \overline{X}_{pm}^{34} \mathrm{d}s}{EI_{x'}} + \sum \int \frac{\overline{X}_{pm}^{43} \overline{X}_{pm}^{44} \mathrm{d}s}{GI_{y'}}$$

$$\delta_{mm}^{11} = \sum \int \frac{\overline{X}_{pm}^{51} \overline{X}_{pn}^{51} \mathrm{d}s}{EI_{z'}} + \sum \int \frac{\overline{X}_{pm}^{21} \overline{X}_{pn}^{21} \mathrm{d}s}{EA} + \sum \int \frac{k\overline{X}_{pm}^{11} \overline{X}_{pn}^{11} \mathrm{d}s}{GA}$$

$$\delta_{mm}^{22} = \sum \int \frac{\overline{X}_{pm}^{52} \overline{X}_{pn}^{52} \mathrm{d}s}{EI_{z'}} + \sum \int \frac{\overline{X}_{pm}^{22} \overline{X}_{pn}^{22} \mathrm{d}s}{EA} + \sum \int \frac{k\overline{X}_{pm}^{12} \overline{X}_{pn}^{12} \mathrm{d}s}{GA}$$

$$\delta_{mm}^{33} = \sum \int \frac{\overline{X}_{pm}^{33} \overline{X}_{pn}^{33} \mathrm{d}s}{EI_{x'}} + \sum \int \frac{\overline{X}_{pm}^{43} \overline{X}_{pn}^{43} \mathrm{d}s}{GI_{y'}}$$

$$\delta_{mm}^{44} = \sum \int \frac{\overline{X}_{pm}^{34} \overline{X}_{pn}^{34} \mathrm{d}s}{EI_{x'}} + \sum \int \frac{\overline{X}_{pm}^{44} \overline{X}_{pn}^{44} \mathrm{d}s}{GI_{y'}}$$

$$\delta_{mm}^{55} = \sum \int \frac{\overline{X}_{pm}^{55} \overline{X}_{pn}^{55} \mathrm{d}s}{EI_{z'}}$$

$$\delta_{mm}^{12} = \sum \int \frac{\overline{X}_{pm}^{51} \overline{X}_{pn}^{52} \mathrm{d}s}{EI_{z'}} + \sum \int \frac{\overline{X}_{pm}^{21} \overline{X}_{pn}^{22} \mathrm{d}s}{EA} + \sum \int \frac{k\overline{X}_{pm}^{11} \overline{X}_{pn}^{12} \mathrm{d}s}{GA}$$

$$\left.\begin{aligned}\delta_{mm}^{15} &= \sum\int\frac{\overline{X}_{pm}^{51}\overline{X}_{pn}^{55}\mathrm{d}s}{EI_{z'}}; \quad \delta_{mm}^{25} = \sum\int\frac{\overline{X}_{pm}^{52}\overline{X}_{pn}^{55}\mathrm{d}s}{EI_{z'}} \\ \delta_{mm}^{34} &= \sum\int\frac{\overline{X}_{pm}^{33}\overline{X}_{pn}^{34}\mathrm{d}s}{EI_{x'}} + \sum\int\frac{\overline{X}_{pm}^{43}\overline{X}_{pn}^{44}\mathrm{d}s}{GI_{y'}}\end{aligned}\right\}$$

参考文献

[1] 冯仲林,薛殿基.挡土墙设计实用手册[M].北京:中国建筑工业出版社,2008.
[2] 张志伟.弧形间隔排桩+桩顶连系梁空间抗滑结构研究[D].成都:西南交通大学,2014.
[3] 黄润秋.20世纪以来中国的大型滑坡及其发生机制[J].岩石力学与工程学报,2007,26(3):433-454.
[4] 陈祖煜,汪小刚,杨健,等.岩质边坡稳定性分析-原理·方法·程序[M].北京:中国水利水电出版社,2005.
[5] 郑颖人,陈祖煜,王恭先,等.边坡与滑坡工程治理[M].北京:人民交通出版社,2010.
[6] 陈祖煜.土质边坡稳定分析:原理 方法 程序[M].北京:中国水利水电出版社,2003.
[7] 张志伟,邓荣贵.弧形间隔排桩-桩顶拱梁空间抗滑结构理论研究[J].岩土力学,2013,34(12):3403-3410.
[8] 张志伟,邓荣贵,王振永,等.桩底约束条件对弧形排桩-连系梁内力影响研究[J].重庆交通大学学报(自然科学版),2015,34(4):81-86.
[9] 张志伟,邓荣贵,钟志彬.抗滑桩与桩顶弧形连系梁协同作用机理及计算分析[J].山地学报,2015,33(1):72-80.
[10] 谷任国,支兵,孙博玉.拱形挡土墙模型试验及有限元分析[J].科学技术与工程,2016,16(14):102-106.
[11] 邹育,谷任国,陈思煌,等.扶壁式挡土墙的选型与模型试验分析[J].施工技术,2016,45(s1):163-165.
[12] 郑明新,孔祥营,刘伟宏.新型抗滑结构围桩-土的耦合效应分析[J].岩土力学,2013,34(06):1709-1715.
[13] 刘伟宏,郑明新,王虹,等.单个围桩-土耦合抗滑结构受力试验分析[J].中外公路,2012,32(4):17-19.
[14] 王辉,赵法锁,李强.拱形抗滑桩墙支护结构体系模型试验相似材料研制[J].防灾减灾工程学报,2011,31(03):311-315.
[15] 钱丽华.拱形支护结构在基坑中的应用[J].四川建筑,2009,29(5):81-83.
[16] 张仪萍,张土乔.基坑悬臂式拱形围护结构性状[J].岩土工程学报,2001,23(5):614-617.
[17] FENELLI G B, PAGANO L.Computing top-beam effects in retaining walls[J].Journal of geotechnical and geoenvironmental engineering,1999,125(8):665-672.
[18] 肖世国.边(滑)坡治理中h型组合抗滑桩的分析方法及工程应用[J].岩土力学,2010(07):2146-2152.
[19] 何建明,白世伟.深基坑排桩-圈梁支护结构协同作用研究[J].岩土力学,1997(03):41-46.
[20] 赵晓彦,吴兵,李登峰,等.考虑桩间水平土拱效应的边坡桩间墙组合结构受力计算方法[J].岩土工程学报,2016,38(05):811-817.
[21] LEE C Y, HULL T S, POULOS H G.Simplified pile-slope stability anaIysis[J].Computers and Geotechnics,1995,17(1):1-16.
[22] 肖世国.似土质边(滑)坡抗滑桩后滑坡推力分布模式的近似理论解析[J].岩土工程学报,2010(01):120-123.
[23] 戴自航.抗滑桩滑坡推力和桩前滑体抗力分布规律的研究[J].岩石力学与工程学报,2002(04):517-521.
[24] ITO T, MATSUI T, HONG W P.Extended design method for multi-row stabilizing piles against landslide [J].SOILS AND FOUNDATIONS,1982,22(1):1-13.
[25] 张智超,陈育民,刘汉龙,等.微型桩-加筋土挡墙应力变形特性的多因素分析[J].岩土力学,2017,

38(07):1911-1918,1958.

[26] TERZAGHI K.Theoretical soil mechanic [M].New York:John Wiley and Son,1943.

[27] 黄治云,张永兴,董捷.桩板墙土拱效应及土压力传递特性试验研究[J].岩土力学,2013,34(7):1887-1892.

[28] 梁瑶,蒋楚生,李庆海,等.桩间复合结构土拱效应试验与受力机制研究[J].岩石力学与工程学报,2014,33(s2):3825-3828.

[29] PAIK K H, SALGADO R.Estimation of active earth pressure against rigid retaining walls considering arching effects[J].Géotechnique,2003,53(7):643-653.

[30] 涂兵雄,贾金青.考虑土拱效应的黏性填土挡土墙主动土压力研究[J].岩石力学与工程学报,2012,31(5):1064-1070.

[31] 王梅,李镜培.考虑土拱效应的刚性挡土墙主动土压力计算方法[J].岩土工程学报,2013,35(5):865-870.

[32] 刘洪佳,门玉明,李寻昌,等.悬臂式抗滑桩模型试验研究[J].岩土力学,2012(10):2960-2966.

[33] 戴自航,张晓咏,部盛堂,等.现场模拟水平分布式滑坡推力的抗滑桩试验研究[J].岩土工程学报,2010(10):1513-1518.

[34] ITO T, MATSUI T, HONG W P.Design method for stabilizing piles against landslide-one row of piles[J].Soils and foundations,1981,21(1):21-37.

[35] 周德培,肖世国,夏雄.边坡工程中抗滑桩合理桩间距的探讨[J].岩土工程学报,2004(01):132-135.

[36] DRUCKER D C, PRAGER W.Soil mechanics and plastic analysis of limit design[J].Quarterly of Applied Mathematics,1952,10(2):157-165.

[37] SLOAN S W.Lower bound limit analysis using finite element and linear programming [J].Int.J. Analytical Methods in Geomechanics,1988,12:61-77.

[38] 刘昌清,罗一农,魏永幸.基于极限状态法的锚杆挡土墙设计研究[J].铁道工程学报,2014,31(11):15-19.

[39] 李泽,周宇,刘毅,等.基于混合离散的砌石挡土墙边坡极限承载力下限分析[J].岩土力学,2018(03):1-10.

[40] 沈珠江.桩的抗滑阻力和抗滑桩的极限设计[J].岩土工程学报,1992,14(1):51-56.

[41] ONO K,YAMADA M.Analysis of the arching action in granular mass[J].Geotechnique,1993,43(1):105-120.

[42] PARK K H, SALGODO R.Estimation of active earth pressure against rigid retaining walls considering arching effect [J].Geotechnique,2003,53(7):643-653.

[43] 潘家铮.建筑物的滑坡稳定和滑坡分析[M].北京:水利出版社,1980.

[44] 介玉新,柏永亮,张彬.基于加速度的边坡和挡土墙稳定性分析[J].地球科学与环境学报,2015,37(06):120-126.

[45] 姜启源.数学模型[M].2版.北京:高等教育出版社,1993.

[46] 胡晓军.边坡加固工程支挡结构研究[D].合肥:合肥工业大学,2007.

[47] 刘小丽.新型桩锚结构设计计算理论研究[D].成都:西南交通大学,2003.

[48] 李海光.新型支挡结构设计与工程实例[M].北京:人民交通出版社.2004.

[49] 时卫民,郑颖人,唐伯明.滑坡稳定性评价方法的探讨[J].岩土力学,2003,24(4):545-552.

[50] 交通运输部.公路路基设计规范:JTG D30—2015[S].北京:人民交通出版社.2015.

[51] 国家铁路局.铁路路基支挡结构设计规范:TB 10025—2019[S].北京:中国铁道出版社.2019.

[52] 中华人民共和国住房和城乡建设部.建筑地基基础设计规范:GB 50007—2011[S].北京:中国建筑工业出版社.2011.

[53] 周越洲,李重阳,方小丹.逆作拱墙在边坡支护设计中的应用[J].建筑结构,2020,50(10):115-121.
[54] 谷任国,支兵,孙博玉.拱形挡土墙模型试验及有限元分析[J].科学技术与工程,2016,16(14):102-106.
[55] 中天未来方舟-B6环形车道监测报表[R].深圳:深圳市勘察研究院有限公司,2016.
[56] 中天未来方舟-边坡、挡墙稳定性监测[R].贵阳:贵州正厦工程检测技术咨询有限公司(贵州大学正厦检测技术咨询有限公司)2017.